Walter Nitsche (Hrsg)

Nicht ohne Gottes Führung

Walter Nitsche (Hrsg)

Nicht ohne Gottes Führung

Wie finde ich den richtigen Ehepartner?

edition φ philemon

ISBN-Nr. 3-935368-04-6
Ratgeber Nr. 104

Umschlag: dc agentur, merenberg
Satz und Druck: media aktuell, Birkenfeld
edition philemon ist Teil der friends-media e.K., Birkenfeld

Inhalt

Teil 2:
Die Partnersuche

Teil 3:
Persönlichkeits-Barrieren und andere Hindernisse

Vorwort

Haben Sie nicht auch schon interessiert Geschichten angehört, wie sich ein Ehepaar gefunden hat? Erzählungen über die Art und Weise, wie zwei Menschen plötzlich wussten, dass sie "zueinander gehörten"? Je mehr solcher Berichte – desto mehr entdeckten Sie vielleicht auch dieWidersprüchlichkeiten in den daraus gezogenen Schlüssen für Sie als partnersuchende Person?!

Die Tragik an solchen Ratschlägen liegt darin, dass man – von Einzelerfahrungen ausgehend – allgemeingültige Tipps zu formulieren versucht. Mit anderen Worten: ein – sicherlich erfreuliches und berechtigtes – Erlebnis-Modell soll auch für Sie in Ihrer Situation (und für Ihre Person) wegweisend sein.

Und genau das ist falsch und kann für den Einzelnen sogar folgenschwer irreführend sein. Ein persönliches Beispiel gilt zuerst ganz individuell für das betroffene Paar. Es darf nicht automatisch zu einem Prinzip puncto Partnersuche gemacht werden. Ein persönlich erlebtes Beispiel ist ein Modell, das als Vorbild dienen und richtige Prinzipien beinhalten kann. Ein Beispiel oder Modell gilt jedoch nicht für alle anderen Situationen, Menschen oder Ereignisse. Richtige Prinzipien hingegen sind für alle Beispiele und Modelle gültig.

Daher sollten Sie darauf achten, welche Prinzipien hin-sichtlich der Partnersuche und Partnerwahl Gültigkeit haben, und sich nicht durch – sich sogar widersprechende – Beispiele und Erlebnisse beeinflussen oder irritieren lassen. Sie werden umso gefestigter und innerlich sicherer der Frage der Partnerwahl begegnen können. Denn Sie haben gelernt, allgemeingültige Prinzipien von Modellen zu unterscheiden.

Der Verlag, August 2002

Die Autoren

Betty und Richard Becker, Familientherapeuten und Partner - schaftsberater; verschiedene Fachartikel zu Beziehungsthemen und journalistische Tätigkeiten.

Hartmut Behnke, Studium der Theologie und Ehe- und Familienberatung in den USA; von seiner Kirche als Beauftragter für Ehe- und Familienfragen freigestellt.

Adelhart Böttger, Tätigkeiten im christlichen Buchhandel und Verlagswesen; über 10 Jahre praktische Erfahrungen in regionaler Jugendarbeit; Referent in Jugendgruppen zum Thema Partnerwahl; Leitungsaufgaben in christlicher Gemeindearbeit.

Jürg Hungerland, Vorstandsmitglied im Bundesverband für Partnervermittler in Europa e.V., mit dem Sitz in Bochum, eingetragen in die Lobbyistenliste des Deutschen Bundestages. Als Vertreter des Bundesverbandes wendet er sich vor allem gegen die zahlreichen "schwarzen Schafe", die eine wichtige und an sich hilfreiche Branche schwer in Verruf brachten. So vertrat er zusammen mit einem Juristen des Bundesverbandes schon zahlreiche geschädigte Mitglieder unseriöser Partnerinstitute erfolgreich vor Gericht und erstellte als Sachverständiger Gutachten.

Bettina Koch, psychologische Beraterin, Kommunikationstrainerin und therapeutische Seelsorgerin; eigene Praxis für Beratung und Einzel-Coaching. Spezialisierung auf dem Gebiet der persönlichen Weiterentwicklung. Sie führt u. a. gezielte Paarberatungen durch und hat für Partner suchende Christen ein umfassendes Komplett-Programm entwickelt.

Iris und Walter Nitsche, seit über 25 Jahren miteinander verheiratet, über 20 Jahre in Österreich und der Schweiz in einer Seelsorge- und Eheberatungsarbeit tätig; seit 1998 in Baden-Württemberg wohnhaft, wo sie den cpd leiten. Walter Nitsche, Autor von 14 Fachbüchern zu Beziehungs- und anderen lebensberatenden und psychologischen Themen (etliche davon in mehrere Sprachen übersetzt); Referent bei Eheseminaren und Single-Tagen im In- und Ausland.

Teil 1:
Die Partnerwahl

"Falls jemand von euch nicht weiß,
was der Wille Gottes in einer bestimmten Sache ist,
soll er um Weisheit bitten.
Ihr wisst doch, wie reich Gott jeden beschenkt
und wie gern er allen hilft..."
(Jakobusbrief, Kap. 1,5)

"Würden nur 30% mehr an Engagement und Vernunft
bei der Partnerwahl aufgewendet werden,
dann würden sich die Wartezimmer der
Ehetherapeuten um 60% leeren."
(Dr. Richard White)

Unwirksame Methoden zur Partnerwahl

"Ja, wir wollen miteinander durchs Leben gehen ... bis dass der Tod uns scheidet". Dieses Versprechen vor dem Standesbeamten wird meistens auch im kirchlichen Rahmen bzw. im Kreis gläubiger Mitmenschen öffentlich bestätigt. Trotzdem wird in unserer Kultur jede 3. Ehe geschieden – in Großstädten wie Berlin oder München sogar jede zweite. Man muss sich das bewusst machen: die Hälfte aller Versprechen werden gebrochen – mit Sicherheit nicht wegen der Unredlichkeit der Betroffenen, als sie vor dem Traualtar standen, nein, sondern weil sie sich in eine Beziehungs-Sackgasse hineinmanövriert haben, aus der sie keinen Ausweg mehr sehen.

Der Beginn dieser Sackgasse begann bei Tausenden von Paaren bereits mit der Partnerwahl. Wählt man nämlich nach falschen Kriterien seinen Beruf, kommt es zur folgenschweren Enttäuschungen. Wählt man nach falschen Kriterien seinen Lebenspartner, wird man vor viel tiefgehenderen Problemen stehen. Die Folgen einer falschen Berufswahl sind nicht annähernd so tragisch wie die Folgen einer falschen Partnerwahl.

Mir ist völlig bewusst, dass der Vergleich mit der Berufswahl hinkt, doch will ich der Verständlichkeit wegen dieses Beispiel wiederholt heranziehen, um zur vermehrten Objektivität bei unserem wichtigen Thema anzuregen.

Ich möchte Sie nicht provozieren, sondern Sie für die wichtigsten Aspekte bei der Partnerwahl sensibilisieren. Ich will Sie nicht entmutigen, sondern fördern, richtige Wege einzuschlagen.
Ich habe nicht die Absicht, Sie zu verletzen, wenn ich langjährige, beliebte Überzeugungen in Frage stelle, sondern

langjährige, beliebte Überzeugungen in Frage stelle, sondern das Ziel, dass Sie anschließend "fester im Sattel" sitzen, auch wenn Sie bei nachfolgenden Ausführungen vielleicht innerlich "vom Pferd fallen".
Das Ausreißen unwirksamer Methoden zur Partnerwahl soll lediglich dazu dienen, dass Sie erfolgreich, froh und zu Ihrem Besten effektive Prinzipien zur Partnerwahl kennen und anwenden lernen.

Ihre künftige erfolgreiche Ehe liegt mir am Herzen!

Das Verliebtheitsgefühl

Stellen Sie sich einmal vor, Sie hätten einen liebenswürdigen Sohn, der Ihnen eines Tages bezüglich seiner Berufswahl erzählen würde: "Ach, ich bin so ein Zirkus-Fan! Der Geruch des Sägemehls in der Manege, die Athmosphäre mit den Artisten und Clowns, einfach supermegagalaktisch! Ich will daher Zirkusdirektor oder Artist werden..."

Sie kennen aber Ihren Jungen: mit seiner fehlenden Disziplin und seinem mangelnden Durchhaltevermögen, mit seiner Neigung zum Phlegma und übergewichtigem Fettansatz, und Sie sehen keinerlei Chance – weder für einen Artisten noch fürs Zirkusleben überhaupt... Jedenfalls würden Sie sicherlich versuchen, ihm zu verdeutlichen, dass sein Gefühl, seine emotionelle Begeisterung für den Zirkus zwar absolut in Ordnung ist, dies aber kein Kriterium für eine Berufswahl sein kann.

In dieser Beziehung sind wir uns vermutlich alle einig. Doch genau hier treffen wir auf eines der am meisten benutzten Modelle, sich für einen Partner zu entscheiden.

"Ich habe mich bis über beide Ohren verliebt... Ich fühle mich so zu dieser Person hingezogen. Sie ist einfach supermegagalaktisch! Ich würde gerne mein ganzes Leben mit dieser Person verbringen..."

Doch wie sagte bereits Bernard Shaw: “Liebe auf den ersten Blick ist genauso zuverlässig wie eine Diagnose auf den ersten Händedruck”.

Verliebtheitsgefühle allein sind kein Prüfkriterium für eine tragfähige Partnerwahl. Denn eine erfolgreiche Partnerschaft benötigt echte Liebe als Fundament. Verliebtheit ist daher niemals ein Garantieschein für eine gute Partnerschaft. Verliebtheitsgefühle halten auch nicht an (das zu glauben, fällt einem verliebten Paar sehr schwer) - sie müssen echter, beständiger Liebe weichen, oder sie münden in frustrierende Gleichgültigkeit.

Verliebtheitsgefühle sind wie die aufsprießenden, duftenden Kirschblüten im Frühjahr. Die Blütenblätter werden garantiert abfallen! Die Frage ist, ob daraus eine Frucht - echte Liebe - entsteht oder nicht. Denn nicht jede Blüte wird bestäubt, so dass sich eine reife Kirsche bilden kann. Genausowenig führt jede Verliebtheit zu reifer Liebe.

Verliebtheitsgefühle sind nicht aus “dem Stoff, aus dem die Liebe ist”. Interessant in diesem Zusammenhang ist ein Bericht des Deutschen Forschungsdienstes, demnach “Herzflimmern, Glücksrausch und alles, was Liebende sonst noch beim Gedanken an den geliebten Menschen empfinden können, möglicherweise auf das Wirken einer körpereigenen Substanz zurückgehen. Sie heißt *Phenyläthylamin*, ist ein regelrechtes Aufputschmittel und wird im limbischen System des Gehirns gebildet, das Ausgangspunkt des Gefühlslebens ist.”

(Während eines Single-Seminars im Juni 2002 in Basel schrieb mir ein wissenschaftlich gebildeter Teilnehmer spontan die chemische Formel von *Phenyläthylamin* an die Flipchart-Tafel. Die Formel hier wiederzugeben ist aus satztechnischen Gründen zu aufwendig. Wenn Sie aber Interesse daran haben, sende ich sie Ihnen gerne zu...)

Ich weiß natürlich nicht, ob Phenyläthylamin tatsächlich

Träger von Verliebtheitsgefühlen ist – ich bin kein Biochemiker und dieser Wissenschaftszweig ist ein noch sehr wenig erforschter Bereich. Wie dem auch sei: Bei Verliebtheitsgefühlen werden auf jeden Fall ein paar Dutzend verschiedener Hormone – wie vermutlich das Phenyläthylamin – in die Blutbahn ausgeschüttet und erzeugen diese aufregende Gemütsverfassung. Mit Sicherheit enden diese Gefühle wieder. Sie erleben keinen Dauerzustand. Wie tragisch, wenn jemand die Verliebtheitsgefühle mit Liebe verwechselt. Da steigt er nämlich eines Abends aus der Badewanne und meint, die Liebe sei verschwunden, er könne den Partner nicht mehr lieben, weil eben diese Gemütsverfassung nicht mehr vorhanden sei.

So erklärte mir ein Automechaniker, der wieder einmal eine seiner zahlreichen Freundinnen "hatte fallen" lassen: "Da fühlte ich plötzlich keine Liebe mehr und machte Schluss..." (Der Eheberater Hartmut Behnke meint dazu: "Wer viel wechselt, wird bald zu Kleingeld.")

Noch tragischer ist es, wenn zwei Menschen nur aufgrund ihrer Verliebtheitsgefühle eine Ehe eingehen - und bereits nach ein paar Monaten das Ende der Gefühle feststellen müssen! Verliebtheitsgefühle können zwar den ersten Impuls für eine Beziehung geben, doch die wichtigste Frage wird sein, ob aus diesen Verliebtheitsgefühlen tatsächlich Liebesfähigkeit entsteht oder nicht. Die alleinige Existenz von Verliebtheitsgefühlen zeugt noch nicht davon, dass auch Liebesfähigkeit und Du-Bezogenheit vorhanden ist.
Gerade in diesem Bereich besteht die Partnerwahl-Prüfung im ehrlichen Hinterfragen der eigenen Motive. Was zieht mich am andern überhaupt an? Was hat eventuelle Verliebtheitsgefühle ausgelöst? Meine ich mich, oder meine ich tatsächlich den andern?

Es gibt Hunderte von Ursachen, die Verliebtheitsgefühle auslösen könnten. Und wenn es sich dabei um den "ersten

Blick" handelt, ist der Grund für die Verliebtheit mit Sicherheit (noch) nicht "die Liebe".

Warum fühlen wir?

An diesem Punkt müssen wir einen kleinen Exkurs einlegen und uns einmal grundsätzlich mit der Frage beschäftigen, warum wir denn überhaupt fühlen können?

Was passiert denn, wenn Sie beispielsweise nach langer Wartezeit in die eben frei gewordene Parklücke einparken möchten, und ein anderer Wagen schappt Ihnen den freien Parkplatz frech vor der Nase weg? Biochemisch gesehen könnte man vereinfacht sagen: Ihre Nebenniere geht auf, Adrenalin schießt ins Blut und – weil Adrenalin in Umlauf ist – können Sie sich überhaupt erst so richtig ärgern!
Bitte nicht verwechseln: nicht die Ursache (!), sondern der "Träger" dieses Gefühls ist die "in Umlauf gekommene Chemie". In unserem Beispiel das Adrenalin. Wie ich nun mit diesem Ärger, diesem Gefühl umgehe, das ist dann eine ganz andere Sache (und meine eigene Entscheidungsverantwortung). Für das bloße Vorhandensein des Gefühls (= die in Umlauf gekommene Chemie) trage ich keine Verantwortung. Dafür kann ich nichts, denn mein Körper hat automatisch das Adrenalin ausgeschüttet, als meine Psyche ihm die entsprechende Information übermittelt hatte. Meine Reaktion darauf gehört zu einem anderen Thema.

Ein anschauliches Beispiel für die Behauptung, dass die Träger unserer Gefühle "in Umlauf gekommene Chemie" sind, ist der Alkohol: Da fühlt sich ein problembeladener Mensch depremiert, schlecht, mies, "down" oder miserabel. Und dann schüttet er zwei Flaschen Wein in sich hinein. Siehe da: bald fühlt er sich anders! Obwohl die Umstände noch dieselben sind, die Sorgen die gleichen – er fühlt sich plötzlich erleichtert, erhaben, "alles ist nicht so schlimm". Er fühlt sich anders, weil er sich eine "Gegenchemie" eingeflößt hat: den Alkohol. Dieser ist nie eine Lösung, aber wir können an diesem Beispiel sehen, dass sich "Chemie" als "Träger" von Gefühlen erweist. So hat es unser Schöpfer eingerichtet. Und das ist gut so.

Denn grundsätzlich kann man sagen: Gott hat Gefühle geschaffen, damit sie Diener sind in unserem Leben, aber nicht Diktatoren! Denn wenn ich einen Diktator über mir habe, bin ich der Versklavte.

Feuer soll uns beispielsweise ebenfalls dienen. Es ist auch grundsätzlich gut, gottgewollt, positiv. Was wäre das Leben ohne Feuer! Doch wenn Feuer seine Grenzen überschreitet, ein ganzes Haus verbrennt – oder ganze Gebiete und Dörfer vernichtet wie unlängst in Arizona, dann wird Feuer destruktiv, zerstörerisch. Ähnlich verhält es sich mit den Gefühlen.

Gefühle sind ganz wichtig (was wäre das Leben ohne Gefühle!). Gefühle sind gottgewollt und gut. Doch sollen sie den Platz einnehmen, den ihnen der Schöpfer angewiesen hat: als Diener in unserem Leben, nicht als Despoten.

Diese grundsätzliche Überlegung soll uns den Gefühlen gegenüber etwas nüchterner und objektiver machen – damit uns unsere Empfindungen umso besser dienlich sein können.

Mögliche "Phenyläthylamin-Auslöser"

Um dieses Thema noch etwas besser zu veranschaulichen und zu vertiefen, sollen nachfolgend beispielhaft sieben Ursachen für die Verliebtheitsgefühle genannt werden. Wir werden sehen, dass diese Sachverhalte zwar Verliebtheitsgefühle auslösen (Phnyläthylamin in Umlauf bringen) können, sie jedoch als Gradmesser für echte Liebe verständlicherweise unbrauchbar sind.

1. Innere Bilder

Irgendein Wesenszug, eine Eigenschaft oder lediglich das anziehende Äußere eines anderen Menschen wecken in mir Gefühle, lösen eine Reaktion aus. Besonders dann, wenn gewisse Merkmale mit einem unbewussten Bild, das ich von einem idealen Partner habe, übereinstimmen. Daher erscheint einem der andere auch plötzlich so vertraut.

Sabine schwärmte schon als junges Mädchen von einem bekannten Schauspieler, dessen Bilder die Wände ihres Zimmers zierten. Sie sah sich all seine Filme an, träumte von ihm und hütete eine persönlich unterzeichnete Autogrammkarte wie einen Schatz.
Viel später, als sie bereits das Gymnasium besuchte, wurde Sabine von einem jungen Mann angesprochen, der dem früheren Schauspieler-Idol sehr ähnelte, was Sabine jedoch gar nicht mehr bewusst war. Doch sie verliebte sich in den jungen Mann auf den ersten Blick. Diese Verliebtheit wurde bald verstärkt, als Sabine von den sportlichen Leistungen des jungen Mannes erfuhr (die ebenfalls dem Jungmädchen-Idol ähnelten). Sie war überzeugt, den Mann fürs Leben gefunden zu haben. Jungmädchenträume wurden wahr.

Auf Anraten der Eltern ließ sich Sabine glücklicherweise auf keine schnelle, enge Verbindung ein. Mit der Zeit entdeckte sie auch viele negative Züge bei ihrem Verehrer. Er war völlig unzuverlässig; ein Versprechen, das er gab, war ihm genausoviel wert wie eine leere Bierdose. Er dachte nicht daran, auch nur ein klein wenig von seiner Bequemlichkeit, seinen Interessen und Wünschen für die neue Freundschaft zu opfern. Sabine musste erkennen, dass er nur für seinen Glanz lebte, dass er nur seine eigenen, egoistischen Bedürfnisse gelten ließ - alles andere war ihm ziemlich egal. Die hübsche Sabine diente ihm lediglich als weiteres Schmuckstück, das seinen eigenen Glanz unterstrich. Zum Glück erkannte Sabine noch früh genug, dass eine Ehe mit jemandem, der sich als Bauchnabel der Welt sah, sicherlich schiefgehen musste.

2. Erotische Attribute
Der eine Mann bekommt einen Hormonschub durch den Anblick langer, wohlgeformter Damenbeine oder einer großen Oberweite. Der andere "steht" auf lange blonde Haare und hellblaue Augen, oder auf grüne Haare und gelbe Augen oder was weiß ich was noch alles...

Die eine Dame findet, dieser Radiosprecher habe eine absolut erotische Stimme, oder jener Schauspieler eine Gebärdensprache und Bewegungsart, die einem Herzklopfen bereitet (bei manchen weiblichen Fans kommt Phenyläthylamin in Umlauf, wenn sie Julio Iglesias singen hören...)

Jedenfalls können verschiedenste Attribute eine individuell unterschiedliche erotische Wirkung haben und entsprechende Gefühle auslösen. Lassen Sie es mich bitte ganz simpel sagen: da geschieht lediglich eine Hormonausschüttung und hat mit Liebe überhaupt nichts zu tun – egal wie stark die Gefühle davon beeinflusst werden.

3. Körperkontakt
"Heiße Blicke" aus rehbraunen Augen können genauso Auslöser sein (für das Phenyläthylamin?) wie ein zärtlicher Körperkontakt, zum Beispiel beim eng umschlungenen Tanzen.

Provokativ möchte ich auch hier behaupten: Jeder Mann, der mit einem ihm sympathischen und angenehmen Mädchen (das ist natürlich die Voraussetzung dafür) eine Nacht durchtanzt, wird erleben, dass Phenyläthylamin ausgeschüttet wird! Ich beziehe mich dabei natürlich nicht auf jene modernen Tanzarten, bei denen jeder nur für sich selbst tanzt, und man den Partner mit einem Opernglas wieder finden muss, sondern auf jene, bei denen man "auf Tuchfühlung" tanzt.

Zärtlicher Körperkontakt kann auch das leichte Streicheln über den Handrücken bei einem romantischen Essen mit Kerzenschein und stimmungsvoller Musik sein. Hier sind wohl eher die weiblichen Wesen besonders empfänglich für "Phenyläthylamin-Auslöser".

4. Intensive Aufmerksamkeit

Jeder Mensch findet es grundsätzlich angenehm, wenn er erlebt, dass ihm eine andere Person Wertschätzung und eine besondere Zuneigung oder Aufmerksamkeit zuteil werden lässt. Und nun stellen Sie sich vor, dass Luise Müller, ein eher schüchternes Mauerblümchen, schon jahrelang auf einen netten, potentiellen Ehemann wartet. Doch niemand interessierte sich bisher für ihre unscheinbare Person. Da bekommt sie plötzlich von Albert Meier, ihrem Arbeitskollegen, Blumen geschenkt und merkt, wie er ihr den Hof macht, sie mit besonderer Zuvorkommenheit behandelt und durchblicken lässt, dass er sie für einzigartig hält. Können Sie sich vorstellen, dass alleine dieser Sachverhalt bei Luise Müller einen Hormonschub verursacht? Allerdings! Ihre Gefühle werden sehr positiv beeinflusst sein, und es ist ihr dringend zu raten, andere Kriterien als ihre phenyläthylamingefütterten Empfindungen heranzuziehen, um eine mögliche Partnerschaft mit Albert Meier zu prüfen.

5. Gleichklang der Probleme

Hans fühlt sich einsam, kommt mit sich selbst nicht zurecht und weiß nicht, was er mit sich anfangen soll. Er bemitleidet sich und verlangt nach Selbstbestätigung. Sein ganzes Verlangen, seine ganze Sehnsucht gilt einem Menschen, bei dem er sich aussprechen kann. Da trifft er auf Gabriele, die - man höre und staune - dieselben Probleme hat wie er. Also, was hindert´s...?!

Nun stellen Sie sich aber einmal vor, es hätte jemand Probleme, beim Singen den Ton richtig zu treffen. Stets singt er einen Viertelton tiefer oder höher, was sich ja - wie viele sicher aus Erfahrung wissen - grauenhaft anhört. Da trifft er jemanden mit demselben Problem. Also, was hindert´s...? Sie tun sich zusammen und singen im Duett. Ich persönlich möchte mich diesem "Ohrenschmaus" nicht gerne aussetzen

- genausowenig, wie ich das Kind von Hans und Gabriele sein möchte...

6. Ängste
Hierher gehört die sogenannte "Torschlusspanik". (Ist sie für dich die letzte Straßenbahn? Nach ihr kommt keine mehr...?!)

Der Eheberater Hartmut Behnke nennt es das B-A-N-Syndrom (B-A-N = Besser als Nichts). Man wählt einen Partner hauptsächlich aus der Angst heraus, ansonsten "ewig sitzenzubleiben".

Was aber, wenn man später, nachdem man verheiratet ist, "eine andere Möglichkeit" kennenlernt? Und wie wird der Ehepartner diese Haltung dann wohl im Alltag zu spüren bekommen? Sicherlich fördert diese Motivation nicht gerade das Selbstwertgefühl und die Achtung gegenüber dem andern!

7. Praktische Erwartungen
Bei manchen wird Zuneigung geweckt (oder Phenyläthylamin ausgeschüttet) weil sie die Möglichkeit sehen, endlich vom Elternhaus wegzukommen; weil er Steuern sparen und sie nicht mehr ihrer Berufsarbeit nachgehen möchte; weil er eine Haushälterin und sie jemanden braucht, den sie bemuttern kann; weil er Angst vor dem späteren Alleinsein hat und sie sich davor fürchtet, sitzenzubleiben.

Ich las einmal in einer schwäbischen Zeitung folgendes Inserat: *"Ich, Bauer, 34 J. alt, suche auf diesem Wege dringend eine schaffige Frau mit Mähdrescher. Mähdrescher am besten: John Deer mit automatischer Ballenbündelung..."* Und danach stand eine Chiffre-Nummer.
Ich kenne mich in der Landwirtschaft leider nicht aus, doch ließ ich mir erklären, dass John Deer eine bekannte Mähdreschermarke, und eine "automatische Ballenbündelung" für die Eingeweihten ebenfalls ein klar verständliches Attribut sei. Nun, ich weiß natürlich nicht, ob sich jemand

mit dieser Anzeige einen Scherz erlaubt hat (ich habe das nicht erforscht und nicht hingeschrieben). Wie dem auch sei: Wenn dieser Landwirt eine Dame mit Mähdrescher kennenlernen würde – dann kämen bei ihm naheliegenderweise sehr positive Gefühle zum Vorschein (ob im Hinblick auf die Besitzerin oder eher im Hinblick auf das Landwirtschaftsgerät möchte ich mal offen lassen...)

Die persönlichen Erwartungen an den Partner mögen ganz verschieden sein, jedenfalls reichen sie – auch wenn er sie teilweise erfüllen kann – nicht für eine gute Ehe aus; denn Erwartungen haben wenig mit echter Liebe zu tun.

Das Dornröschen-Syndrom

Ein großes Problem scheint mir in diesem Zusammenhang auch das “Dornröschen-Syndrom” zu sein, dem manche bezüglich der Partnerwahl verfallen sind. Bekanntlich schlief im Märchen das Dornröschen einen hundertjährigen Schlaf, keinen selbsterwählten, erquicklichen, freiwilligen, sondern einen erzwungenen. Genauso sehen viele alleinstehende Menschen ihren Zustand an: Sie sind nicht freiwillig alleinstehend; sie hätten es gern anders. Das Single-Dasein wird als Manko, wird als negativ empfunden. Also wartet man auf einen “Prinzen”, der bereit ist, das wild wuchernde Dornengestrüpp zu durchbrechen und mit einem zärtlichen Kuss die (oder auch den) Schlafende(n) zu neuem, interessantem, positivem Leben zu erwecken.

Diese Erwartungshaltung wird oftmals unbewusst einem “Interessenten” entgegengebracht, der dadurch natürlich hoffnungslos überfordert wird. Kommt solch ein vermeintlicher “Prinz” daher, so kann es sein, dass sich die gesamte Gefühlswelt bereits an ihm “festbeißt”, denn von ihm wird “Erlösung aus dem Dornröschen-Schlaf”, von ihm werden Freiheit, Sinn und Glück erwartet.

Im Alltag bemerkt das “wachgeküsste Dornröschen” dann - leider oft viel zu spät - dass der “Prinz” ihre Erwartungen keineswegs erfüllen kann. Ja, “Dornröschen” muss sogar feststellen: wenn “ihr Prinz” die Socken nicht wechselt, hat er Schweißfüße und wenn er die Zähne nicht putzt, Mundgeruch - er ist ja ein so “einfacher, begrenzter” Mensch. Und bei diesen “Erkenntnissen” verfliegen dann leider nicht nur die Verliebtheitsgefühle, sondern auch der Wille und die Bereitschaft, Lieben zu lernen.

Ist es wirklich Liebe?

Viele meinen, man müsse seine Verliebtheitsgefühle einfach analysieren, um zu entdecken, ob sie “wahre Liebe” sind. Ich hoffe, dass es durch die bisherigen Ausführungen deutlich wurde, dass dies logischerweise überhaupt nicht geht. Wenn ich nämlich meine Verliebtheitsgefühle zu analysieren versuche, dann kann ich höchstens feststellen, dass “Phenyläthylamin” in Umlauf ist, dass entsprechende Hormone in meine Blutbahn ausgeschüttet wurden – nichts weniger und nichts mehr.

Eine andere Meinung ist, man müsse sich einfach über beide Ohren verlieben und dann beobachten, ob diese Verliebtheitsgefühle wohl etwas länger andauern oder nicht. Wenn ja, dann sei dies ein Hinweis auf den richtigen künftigen Ehepartner.

Kein Wunder sind derart viele Ehen am Scheitern; denn wenn Liebe nur ein Gefühl wäre, das einen so aus heiterem Himmel überfällt, dann könnten wir tatsächlich nur (leider in unrealistischer Weise) hoffen, dass sie in einer Art magischer, geheimnisvoller Weise andauert. Würde sie aber dann dahinschwinden (was absehbar ist!), dann hätten wir kaum eine andere Wahl als vom Tod der Liebe zu reden und unsere Blicke auf einen anderen Partner zu werfen.

Wie wir später noch aufzeigen werden, ist Liebe nicht einfach ein Gefühl, obwohl Liebe sich in entsprechenden Gefühlen ausdrücken wird! Das heißt: keine Liebe ohne Gefühl – aber die Gefühle an ihrem richtigen Platz!

Dagegen sind Verliebtheitsgefühle auch ohne echte Liebe möglich! Echte Liebe ist grundsätzlich eine innere Einstellung: für diesen Partner möchte ich mein Leben lang das Beste, möchte ihn fördern und ihn glücklich machen - auch wenn es durch Lebenskrisen, -tiefen oder durch Gefühls-Wüsten geht.

Diese Absicht stellt die innere Grundlage für die Entwicklung von Liebesfähigkeit dar. Weil ich nämlich das Beste für den anderen will, befasse ich mich mit ihm, möchte ihn besser kennenlernen, will erkunden, wie ich ihn überhaupt fördern kann.

Gefühle der Verliebtheit haben zwar in diesem Rahmen ihren berechtigten und notwendigen Platz, doch sie verfehlen ihre Aufgabe, wenn man sie zur Basis einer Liebesbeziehung machen möchte.
Verliebtheitsgefühle sind ja auch weitaus mehr ichbezogen: ich empfinde eine Sehnsucht nach diesem Menschen; ich habe ein Verlangen; ich, ich, ich... Die wichtige Frage, ob ich überhaupt dazu in der Lage bin, diesen Menschen glücklich zu machen oder ihn zumindest in seinem Leben zu fördern (tiefstes Glück kann ein Mensch einem andern Menschen sowieso nicht existentiell schenken, denn dieses Bedürfnis kann nur vom Schöpfer selbst gestillt werden) lässt das Verliebtheitsgefühl außer acht.

Spaßeshalber wird oft behauptet, EHE sei die Abkürzung von "**e**rrare **h**umanum **e**st" (lat.: "irren ist menschlich"). Dass dies bei manchen Zeitgenossen zutrifft, will ich nicht bezweifeln. Tatsächlich wird manch frischgebackenem Ehepartner plötzlich klar, dass er sich geirrt hat. Er ist enttäuscht. Eine Ent-Täuschung aber ist immer das Ende einer

Täuschung. Wer sich nie täuscht, erlebt auch keine Ent-Täuschung. Enttäuscht wird jener Mensch, der sich geirrt hat.

“Ich sag´s ja schon immer”, meint vielleicht ein enttäuschter Ehegatte, “ich habe mich geirrt und die falsche Frau geheiratet!” Moment mal, lieber Mann! Bevor man den Grund für seine Enttäuschung so lauthals preisgibt, sollte man die Ursachen etwas genauer unter die Lupe nehmen - und wahrscheinlich merken, dass solche leichtfertigen Floskeln keineswegs der Grund der Enttäuschung sind. Die Ursachen liegen ganz woanders.

Daher: Man nimmt Verliebtheitsgefühle zur Kenntnis (bitte nicht verdrängen!), wartet am besten mal ab und wird ruhig darüber. Erst beim richtigen Kennenlernen des andern wird es sich zeigen, ob überhaupt eine Basis für echte Liebe zum Vorschein kommt.
Und ohne Liebe funktioniert eine Ehe nicht. Damit sind wohl die meisten einverstanden. Ja, fast alle Verliebten sind davon überzeugt, dass die einzige, wichtige Ehegrundlage die Liebe ist. Ohne Liebe keine Ehe. Stimmt! Doch warum werden so viele “aus Liebe” geschlossenen Ehen (heutzutage wird man ja nicht mehr einfach “verkuppelt”, sondern kann frei entscheiden) so unglücklich?

Der Grund dafür ist, dass man nicht weiß, was Liebe ist! Verliebtheit ist eben noch keine Liebe! Liebe ist auch nicht heißes Blut, singendes Gefühl oder unsterbliches Verlangen. Überhaupt kann man dort nicht von Liebe sprechen, wo die Motive Angst vor persönlicher Vereinsamung oder der Wunsch nach einem warmen Nest sind. Da wird vor allem ein verhätscheltes Ego geliebt und versucht, sich ganz persönliche Wünsche zu erfüllen. Hier ist wohl der Wille zu einer Schlaf- und Essgemeinschaft vorhanden, nicht aber der Wille zur Liebes-Ehe. Für eine solche Bedarfs-Liebe bringt die Ehe dann tatsächlich den Tod. Alle Verliebtheit und Zuneigung endet da einmal - spätestens beim ersten Kind und seinen nächtlichen oder frühmorgendlichen Gesangs-Anstrengungen und Schrei-Arien.

Doch ist das überhaupt möglich? Kann man Liebe lernen? Im nächsten Kapitel werden wir zu diesem Thema ein paar Gedanken miteinander bewegen.
Nun aber zuerst noch zu weiteren unbrauchbaren Methoden zur Partnerwahl:

"Im Bett" funktioniert "es" gut

Während einer Partnerschaftsberatung antwortete mir ein junges Paar auf meine Frage, warum sie denn meinen, dass sie einander heiraten können und gut miteinander auskommen werden: "Im Bett funktioniert es gut bei uns..."

Eine weitere weit verbreitete Vorstellung eines Prüfkriteriums für eine erfolgreiche Partnerschaft: die beiden, die sich natürlich äußerlich nett und anziehend fanden, begannen bereits während des ersten gemeinsamen Abends, gegenseitig Zärtlichkeiten auszutauschen. Innerhalb weniger Tage schliefen sie miteinander und stellten fest, dass beide zu sexuell erregenden Erlebnissen gekommen waren. "Und das ist doch für eine spätere Ehe sehr wichtig, nicht wahr?!" fügt der junge Mann hinzu.

Allerdings gehört eine harmonische, erfüllende Sexualität zu einer erfolgreichen und beglückenden Partnerschaft. Um jedoch aufzuzeigen, warum Sex keine Methode zur Partnerwahl sein kann, möchte ich nachfolgend das Gespräch zweier Studenten wiedergeben, auch wenn die Einstellung der Dialogteilnehmerin als "altertümlich" angesehen werden könnte und ihre Haltung als "zu konservativ" gelten mag. Ihre Argumente sind es wert, beachtet und durchdacht zu werden:

Die Kerze warf ein sanftes Licht auf die beiden Hände, die sich fest umfassten. Sein Daumen strich zärtlich über ihren Handrücken, und seine Blicke versenkten sich liebevoll in das warme Braun ihrer Augen.

Schon seit drei Monaten trafen sie sich regelmäßig.
Auf der Uni hatten sie sich kennengelernt. Georg studierte Physik, Helga Englisch und Kunstgeschichte.

"Wir wollten doch heute abend mal über unsere Beziehung reden", meinte Georg, "du warst so abweisend... hast du mich denn nicht gern?"
"Doch, Georg, ich mag dich sehr", entgegnete Helga und drückte sanft seine Hand.
"Aber was ist dann? Hast du etwa Angst vor körperlichen Beziehungen?"
"Nein, ich habe keine Angst davor", antwortete Helga und senkte ihren Blick, "aber ich bin davon überzeugt, dass es besser ist, erst in der Ehe intim zu werden." Dabei sah sie ihm wieder offen, fast herausfordernd in die Augen.
Georg klappte vor Überraschung der Unterkiefer herab, und er stammelte "...das gibt´s ja nicht... das kann nicht wahr sein!... lebst du denn noch im Mittelalter?"
"Bitte Georg, werd´ jetzt nicht verletzend. Ich habe klare Gründe für meinen Standpunkt."
"Entschuldige bitte, Helga, aber es kam so überraschend für mich; du weißt, das tut heute doch jeder, und da erwartet man keine solche Meinung."
"Erstens, lieber Georg, stimmt es nicht, dass es jeder tut", entgegnete Helga, "und zweitens gibst du damit selbst zu, dass dein Maßstab die Allgemeinheit ist. Wenn es so viele tun, wird´s schon nicht falsch sein... das dachten Tausende, als sie Heil Hitler! riefen und voller Stolz in den Krieg zogen. Du kennst doch sicher das Motto: fresst Hundekot – Tausende von Fliegen können sich nicht irren...! Immer mehr Leute stehlen, immer mehr saufen... ist dies deshalb richtig? Soll das Allgemeinverhalten der Maßstab sein?"

"Nein, natürlich nicht", beschwichtigte Georg, "doch wir sind zwei denkende Menschen, nicht wahr! So lass uns die Sache einmal genauer unter die Lupe nehmen. Ein junger Mensch, der sich nicht sexuell betätigt, wird doch verklemmt, oder etwa nicht?!" Dabei umfasste er liebevoll mit beiden Händen die ihrige um ihr zu signalisieren, dass er sie nicht verletzen möchte.

"Bestimmt nicht, Georg! Sexuelle Verklemmung entsteht doch nicht durch Mangel an sexueller Betätigung, sondern durch Verteufelung oder Verdrängung der Sexualität. Das habe ich aber nicht vor - ich bin auch nicht frigid - sondern ich möchte bewusst diese Spannung bis zur Ehe annehmen und damit leben."

"Du gibst also zu, Helga, dass ein Verlangen vorhanden ist?"

"Ja, natürlich!"

"Also siehst du, dann ist es so wie mit Hunger und Durst. Wer aber nicht isst, der verhungert. Warum sollte ich meinen Sexualtrieb nicht befriedigen, der mir als Mensch einfach gegeben ist?"

"Essen musst du, um am Leben zu bleiben, was man von sexueller Betätigung nachweislich nicht behaupten kann. Doch wichtiger erscheint mir hier deine Haltung, Georg, die Gesinnung vom Sich-Befriedigen. Ein Mädchen ist doch kein Stück Schokolade, das man vernascht, um seine Gelüste zu befriedigen. Ich bin doch nicht dafür da, dass du deinen Sexualtrieb befriedigen kannst..." dabei lächelte sie ihn freundlich an.

"So hab ich´s ja auch nicht gemeint."

"Weisst du, ich möchte meine Sexualität als Gabe ansehen, mit der ich dich, mein Liebster, einmal beglücken kann, wobei ich natürlich weiß, dass ich dann selbst auch beschenkt werde. Doch will ich erst dann die körperliche Vereinigung, wenn der entsprechende Schutzraum, der rechte Rahmen dafür gegeben ist. Wenn man ein Verlangen hat, heisst das nicht automatisch, dass man es sofort befriedigen soll. Du bleibst ja auch nicht einfach vor der Metzgerei stehen, wenn dir beim Anblick einer Salami-Wurst das Wasser im Mund zusammenläuft, und schlägst das Schaufenster ein, um dir

das Stück zu holen, damit dein Verlangen befriedigt wird. Triebe sind dazu da, dass man sie in der richtigen Art und Weise gebraucht. Und Intimverkehr, lieber Georg, braucht als schützenden Rahmen die Ehe."

"Das ist deine Meinung, mein Schatz, aber eines ist doch klar: Wir müssen auch prüfen, ob wir sexuell zusammenpassen. Oder findest du es nicht wichtig, dass es auch in diesem Bereich einmal klappt?"

"Sehr wichtig finde ich das. Doch - entschuldige die direkte Frage - was soll denn da nicht zusammenpassen? Kannst du mir das mal erklären?"

Georg bekam rote Ohren und grinste verlegen. "Okay, du kleines Biest, zugegeben: es wird wohl kein anatomisches Problem vorliegen; aber es geht ja nicht um die Geschlechtsteile, sondern darum, ob man sich gegenseitig sexuelle Erfüllung geben kann."

"Und wovon hängst das deiner Meinung ab?"

"Nun, von der seelischen Übereinstimmung, und wie man auf den andern eingeht, auch von der Kommunikationsfähigkeit, nehme ich an."

"Genau das mein'ich auch, Georg, und schau: werden wir jetzt schon intim, so werden wir enttäuscht sein, denn wir müssen gegenseitig noch viel lernen. Wir haben uns doch schon darüber unterhalten. Ist es nicht so, dass es bei beiden von uns viel Zeit braucht, um Rücksicht, Zärtlichkeit, Fürsorge, Verantwortung - einfach echtes Lieben zu lernen?!"

"Allerdings, Helga, ich gebe dir in diesem Punkt recht, da es ja logischerweise auch ein Lernprozess in der Ehe sein wird, den andern sexuell kennen- und erfüllen zu lernen. Auch habe ich ja bei meiner Schwester die andere Möglichkeit mitbekommen: sie zog mit ihrem Typ ziemlich schnell zusammen - und nun haben sich die beiden fast nichts mehr zu sagen. Trotzdem wird sie ihn bald heiraten, was ich nicht recht verstehen kann."

"Siehst du, zu früher Intimverkehr verhindert Freiheit, statt dass er diese ermöglicht. Ich glaube, dass nur zwei Liebende, die sich gegenseitig frei lassen - dies vor allem in sexueller Hinsicht - sich auch wirklich frei füreinander und für eine

dauerhafte Ehe entscheiden können. Wenn sich eine Frau zum erstenmal einem Mann hingibt, schenkt sie sich ihm bis ins Innerste, und das wird sie auf diesen Mann fixieren - ist doch schön, wenn dies gleichzeitig auch der Ehemann ist, was man aber vor der Heirat noch nicht hundertprozentig sagen kann."
"Stimmt, da gibt es tatsächlich noch viel Unvorhergesehenes. Meinst du aber, bei meiner Schwester wäre es jetzt anders, wenn sie und ihr Freund noch gewartet hätten?"
"Das kann ich zwar nicht genau sagen, aber ich glaube schon, dass es etwas anders verlaufen wäre; vorausgesetzt, dass die Bereitschaft vorhanden ist, wirklich auf die Person des andern einzugehen. Du siehst es doch überall: solche freundschaftlichen Sexualbeziehungen sind so sehr auf Sex fixiert, dass die zwischenmenschliche Beziehung oberflächlich bleibt. Außerdem weißt du ja auch, dass viele Kommilitonen ihre Freundinnen wie gebrauchte Unterhemden wechseln. Solche einseitigen sexuellen Erfahrungen regen nur den Appetit auf neue, andere, stärkere Reize an; denn diese Nur-Sex-Beziehungen werden selbstverständlich langweilig."
"Natürlich, Helga, aber das will ich nie mit dir! Du weißt doch, dass ich dich liebe, und das wollte ich auch körperlich zum Ausdruck bringen..."
"Klar verstehe ich dich, Georg, aber schau, gerade bei einer Frau hängt sehr viel von der psychischen Atmosphäre ab, die bei der körperlichen Vereinigung herrscht. Da sollte Geborgenheit und Sicherheit da sein..."
"...die vom Trauschein abhängt?"
"..nicht nur, aber auch, mein Liebster, auch. Man ist in der eigenen Wohnung, gehört auch öffentlich unzertrennlich zusammen, kann sich auf ein Kind freuen, braucht keine Angst zu haben, irgendwie ertappt zu werden, man weiß sich als Ehemann und Ehefrau miteinander verbunden. Ich denke einfach, diese öffentlich-rechtliche Ehe ist wie ein Gartenzaun, der die einzelnen Beete der Liebe schützend umfasst."
"Nun wirst du aber poetisch..."
"In Ordnung. Wir wollen ja nüchtern bleiben", erwiderte

sie mit einem vielsagenden Lächeln, "doch bedenke auch, dass zu einer Frau auch ihr Empfinden gehört - und beim Intimverkehr muss das Empfinden klar sein, sonst klappt es eben nicht!"

"Das verstehe ich. Das würde dann auch heißen, dass die Probe-Erfahrungen, die nicht klappen, kein Hinweis auf grundsätzliches Unvermögen sind."

"Probe-Erfahrungen können nie Aufschluss über die Wirklichkeit der Liebe geben. Man kann weder zur Probe leben noch zur Probe sterben, man kann auch weder zur Probe lieben noch kann man eheliches Leben erproben; die Voraussetzungen fehlen, die sogenannten Experimentierbedingungen sind unecht und trügerisch."

"Umgekehrt würde es dann aber auch heißen, dass eine sexuelle Probe, die klappt - vielleicht aufgrund eines aufschwärmenden Triebes - kein Beweis für ein sexuelles Geben-Können in einer langen Ehe ist."

"...ganz deiner Meinung, Georg"

"Lieben bedeutet demnach im Augenblick für mich: verzichten, sexuelle Spannung ertragen..."

"...uns gegenseitig kennenzulernen; die Seele, nicht die Geschlechtsteile sprechen zu lassen; Rücksicht, Verständnis, Zärtlichkeit reifen zu lassen und Verständnis einzutrainieren..."

"...du sprichst von Kommunikationsfähigkeit..."

"...ja und davon, uns Freiheit für die persönliche Entscheidung zu gewähren, nicht dem Gruppendruck erliegen, sondern Fundamente für eine Ehe schaffen..."

"Gut, gut... ich kapiere schon.. aber, ob ich das auch will?!"

"Das ist die entscheidende Frage, Georg, daran siehst du auch, dass echte Liebe mehr Willensentscheidung als Gefühlssache ist."

"Und das sagst du als Frau?!"

"...manchmal denken Frauen gründlicher nach als Männer", entgegnete sie verschmitzt und zwinkerte ihm vertrauensvoll zu.

"Na ja, da hast du vielleicht recht", erwiderte Georg und sein Gesichtsausdruck wurde ernst, "eigentlich muss ich schon sagen, dass mir diese Liebe beständiger, tiefer, dauerhafter scheint".

“Davon bin ich felsenfest überzeugt”, meinte Helga und blickte ihm fest in die Augen, “aber hier wird auch klar, dass Liebe und Opferbereitschaft zusammengehören...”
“... du wärst es wert...” entgegnete er liebevoll, “ich muss darüber noch nachdenken!”

Die gelb-rötliche Flamme der Kerze flackerte etwas, als sie sich erhoben, die Stühle am Tisch zurechtrückten und Georg seiner Freundin in den Mantel half...

In diesem Buch geht es nicht zuerst um Moral und Ethik. Diese Ausführungen haben nicht die Aspekte “Freundschaft und Sexualität” oder die Diskussion “Wie weit sollen wir sexuell gehen?” zum Thema. Das wird in einer anderen Publikation behandelt. Hier geht es lediglich um die Frage, inwieweit praktizierte Sexualität ein Prüfstein für die Partnerwahl sein kann.

Ein erfülltes Sexualleben hängt gewiss nicht allein von den biologischen Werkzeugen ab, die uns der Schöpfer für unser Leben als Mann und Frau mitgegeben hat. Sexualität sollte Ausdruck echter Liebe sein. Dann will ich mit meiner Sexualität den andern beschenken, ihm mitteilen, dass er wertvoll ist, dass ich ihn schätze und achte, dass er mir der wichtigste Mensch in meinem Leben ist, den ich liebe. Auf dieser Grundlage erst wird praktizierte Sexualität zum zutiefst erfüllenden Erleben. Ohne dieses Fundament bleibt Sexualität eine Halbheit, nur ein Teil-Erleben (wir werden später, bei den Hindernissen, noch kurz auf den Unterschied zwischen Liebes-Sexualität und Ego-Sex eingehen).

Wer stets beim Teil-Erleben stecken bleibt, verzerrt das Geschenk der Sexualität immer mehr in Richtung des ichbezogenen Lustgewinns. Probe-Erfahrungen können nie Aufschluss über die Wirklichkeit der Liebe geben. Die Voraussetzungen fehlen, die Experimentierbedingungen”, die “Prüfinstrumente” sind unecht und trügerisch. Es ist genauso, wie wenn ich versuchen würde, in einer Badewanne schwimmen zu lernen. Das ist unmöglich. Echtes Schwimmen braucht das nötige Element: genügend Wasser, die Weite eines Sees - und das beschriebene Fundament ist wie dieser See.

Ein nicht als befriedigend erlebter Intimverkehr vor der Ehe ist – wie es im obigen Dialog auch kurz erwähnt wurde – kein Hinweis auf ein unbefriedigtes Sexualleben in der Ehe. Es kann das genaue Gegenteil der Fall sein. Gerade sensible, feinfühlige Menschen leiden an einem zu frühen Sexualverkehr so sehr, dass "es" nicht so gut "funktioniert", weil eben die Tiefe der Seele unbefriedigt bleibt. Wäre die richtige, beständig gewachsene Basis von Freundschaft, Vertrauen, Treue und Liebe vorhanden, würde auch das Intimleben völlig anders – nämlich wirklich befriedigend und erfüllend – erlebt werden können.

Umgekehrt bedeutet das auch, dass eine "sexuelle Probe", die "funktioniert" einerseits kein Beweis für ein sexuelles Geben-Können und Erfülltsein in der Ehe ist und man andererseits ja gar nicht richtig feststellen kann, "was seelisch eigentlich fehlt", wenn man nur dieses Teil-Erleben erfährt. Wer tiefes Erfülltsein nicht kennt, merkt auch die Oberflächlichkeit nicht. Wer noch nie besonders schmackhafte Erdbeeren mit Sahne gekostet hat, wird auch das Fehlen dieser Köstlichkeit nicht als Verlust wahrnehmen. Ihm würde nicht mal das Wasser im Munde zusammenlaufen, wenn er diese Frucht gar nicht kennt. So wird auch dieses höchst beglückende Erleben gar nicht als fehlend wahrgenommen, wenn man noch nie erlebt hat, wie auf der Grundlage beständiger Liebe, Seele und Körper sexuell miteinander kommunizieren und sich aneinander erfreuen können.

Gerade in der Phase des Kennenlernens verunmöglicht eine aktive sexuelle Beziehung wirkungsvolles Prüfen, weil einem verständlicherweise dieser Bereich völlig in Beschlag nehmen wird (Gedanken, Gefühle, Verlangen). Die üblichen "freundschaftlichen Sexualbeziehungen" sind so sehr auf

Sexualität fixiert, dass die zwischenmenschliche Beziehung, das Kennenlernen im geistlich-geistigen und seelischen Bereich, oberflächlich bleibt.

Wenn man mit einer Person, in die man sich verliebt hat, sexuell aktiv wird, dann löst dies derartige Erregungszustände, Begeisterung, unzählige Hormonschübe aus, dass man doch wirklich ein Un-Mensch sein müsste, um hier noch klar prüfen, nüchtern beurteilen und wirkungsvolle tiefe Kommunikation pflegen zu können.

Es kann sogar sein, dass sich ein "sexueller Druck" entwickelt. Wer sexuell "süchtig" nach seinem Partner verlangt, hat nicht mehr die Möglichkeit, sich objektiv und gelassen über dessen Denken und Meinungen zu informieren, ihn in seiner inneren Haltung richtig kennenzulernen. Nun geben der Körper und die Erotik die entscheidenden Befehle. Ein objektives Prüfen im Hinblick auf die Partnerwahl ist daher wohl kaum mehr möglich.

Je mehr sich zwei befreundete Menschen körperlich miteinander befassen, desto weniger werden sie sich Zeit dazu nehmen, über Grundsatzfragen des Lebens miteinander zu sprechen, Gedankenaustausch zu pflegen, sich als Persönlichkeiten kennenzulernen. Die gegenseitige Anziehung wird dann in erster Linie durch sexuell aufgeheiztes Verlangen, durch erotische Sehnsüchte gespeist, statt durch ein verständnisvolles Miteinander oder durch ein harmonisches Gemeinschafts-Erleben. Wenn man erst später in der Ehegemeinschaft merkt, dass außer sexueller Anziehungskraft nur wenige Gemeinsamkeiten vorhanden sind, ist es schon zu spät, denn dann hat man bereits gewählt.

Gottes Wille und Bestimmung

Dieser Aspekt mag für manche Leser irrelevant sein, weil ihnen ein Fragen nach dem Willen Gottes in ihrem Leben völlig fremd ist.

Das Verlangen, in Übereinstimmung mit dem Willen Gottes zu leben, ist jedoch derart empfehlenswert für unsere menschliche Existenz, dass wir diesen Aspekt nicht ausschließen möchten, nur weil es vielleicht einige nicht interessiert.

Der Grundgedanke: Gott, der Schöpfer von uns Menschen, behauptet, dass nur Er allein dem Individuum Sinn, Ziel und Zweck verleihen kann, denn Er allein hat das Individuum erdacht, schon vorgeburtlich, im Ansatz schöpferisch gestaltet und geplant. Daher kann ein Mensch nur tiefsten Sinn im Leben erfahren, wenn er in Harmonie mit seinem Schöpfer, mit seinem Gott kommt. An sich logisch, nicht wahr?! Doch dieses gute und richtige Verlangen, nach dem Willen, den Gedanken, den Wünschen des Schöpfers zu fragen, kann beim Thema Partnerwahl völlig "ungöttliche" Formen annehmen. Darum geht es im Folgenden.

"Gott will, dass ich Mathematiklehrer werde", würde Ihnen eines Tages – um wieder zu unseren konstruierten Berufs-Beispielen zurückzukommen – Ihr Sohn eröffnen. "Er hat es mir gezeigt...!"

Sie wiederum wissen, dass er Mathematik nicht nur verabscheut, sondern auch nur mit Müh und Not dieses Fach hat absolvieren können, um das Abitur zu schaffen. Sie kennen Ihren Sohn als sprachbegabten, musischen Menschen, dem nüchterne Formeln völlig wesensfremd sind. Was würden Sie ihm raten?

Wie schon gesagt: die Berufs-Beispiele hinken. Besonders

bei diesem Aspekt, denn Gott kann uns tatsächlich in eine berufliche Situation führen oder uns eine berufliche Aufgabe geben, die wir uns freiwillig nicht erwählt hätten. Deshalb müssen wir beim Thema Partnerwahl gerade hier einen besonders wichtigen Aspekt beachten: hier geht es um eine Liebesbeziehung (bei einem Beruf dagegen grundsätzlich nicht). Und ein wesentliches Prinzip bei einer Liebesbeziehung lautet: Liebe bedingt stets Freiheit, Freiwilligkeit!

Liebe und Entscheidungsfreiheit

Stellen Sie sich einmal vor, es hätte jemand die Fähigkeit, ein Mädchen unter Hypnose derart zu beeinflussen – ("Du musst mich lieben...!") - dass das Mädchen diesen heimlichen Befehlen tatsächlich gehorcht. Wäre das echte Liebe?

Nein, ganz und gar nicht; denn hier fehlt der Aspekt der Freiwilligkeit, der Entscheidungsfreiheit. Das manipulierte Mädchen würde einer Marionette gleichen, als willenloser Gegenstand missbraucht. Zwar gehört zur Liebe auch Treue und Verantwortung füreinander, also Bindung; doch echte Liebe bindet sich nur infolge einer persönlichen, freiwilligen Entscheidung. Eine bindungslose Liebe wäre zwar auch keine echte Liebe, jedoch müssen die Bindungen der Liebe, das Treueversprechen, die gegenseitige Verantwortung durch eine freie Willensentscheidung zustande kommen und nicht durch Manipulation oder Vergewaltigung.

Wenn also ein Mann eine Frau vergewaltigt, dann weiss wohl jeder von uns, dass dies absolut nichts mit Liebe zu tun hat. Auch dies wäre kein "Instrument zur Partnerwahl". Das ist uns allen klar. Doch es gibt ähnliche Prinzipien:

Psychischer Druck
Die Entscheidungsfreiheit bewusst einschränken, den anderen gefügig machen zu wollen, ist heutzutage leider an der Tagesordnung (nicht nur im Bezug auf Partnerschaft). Da erklärt beispielsweise ein junger Mann seiner Freundin:

“Wenn du mich verlässt, bringe ich mich um.” Der Schmerz und die Angst vor Trennung mögen dem jungen Mann zwar realistisch vor Augen stehen, doch seine Reaktion darauf weist auf ein liebesunfähiges, selbstsüchtiges und vergewaltigendes Wesen hin.
Solch einem Druck sollte sich ein Partner niemals beugen; denn bereits vom Ansatz her widerspricht eine solche innere Einstellung den Prinzipien echter Liebe.

Erwartungsdruck
Ein Erwartungsdruck, unter den man sich selbst bringt, vernebelt ebenfalls die klare Schau und verunmöglicht ein gesundes Prüfen. Wir hatten schon vom “Dornröschen-Syndrom” gesprochen. Der andere wird als Lösung, als Antwort auf alle Fragen und Probleme des persönlichen Lebens angesehen. Man meint, ohne ihn nicht mehr leben zu können. Sicherlich stellt man sich dann auch keine kritischen Fragen mehr, wenn man einen anderen als absolute Lebensnotwendigkeit ansieht.

Es ist ganz normal und verständlich, dass ein Ertrinkender einen zugeworfenen Rettungsring ergreift und nicht erst lange Fragen stellt, denn er ist davon überzeugt, dass dieser Rettungsring für ihn lebensnotwendig ist. Wenn nun aber bei einem Menschen ein anderer Mensch zum “Rettungsring” wird, wenn man davon überzeugt ist, nur durch diese Person könne das Leben Sinn und Erfüllung haben, dann wird ein gesundes Prüfen verunmöglicht.

Religiöser Druck
Ein ähnlicher Druck kann auch durch vermessene “religiöse” Behauptungen entstehen, z.B. “Vor Gott wurde mir klar, dass Er uns zusammengefügt und füreinander bestimmt hat...” Und (so der unausgesprochene Hinweis weiter) der andere solle sich gefälligst dem Willen Gottes beugen.

Hier wird jedoch in sträflicher Weise versucht, einen “religiösen Druck” auszuüben, um sich den andern gefügig zu machen. Der lebendige Gott lässt sich jedoch nie vor den Karren menschlicher Eigeninteressen spannen, geschweige denn für unlautere, vergewaltigende Absichten missbrauchen. Genausowenig wie echte Liebe mit Zwang und Vergewaltigung vereinbar ist, genausowenig ist Gott mit religiösem Psychoterror vereinbar, auch wenn sich dieser in den Mantel geistlicher höherer Einsichten kleidet.

Entscheidungsfreiheit zu haben bedeutet auch, genügend Zeit zu haben, um den andern überhaupt richtig kennenzulernen. Man kann sich nicht richtig entscheiden, wenn man keine Gelegenheit hatte, die verschiedenen Bereiche einer Beziehung kennenzulernen. Wie kann ich wissen, ob ein persönlicher Gedankenaustausch zur Harmonie oder zum Chaos führt? Wie kann ich mich bewusst dazu entscheiden, den anderen zu lieben, so wie er grundsätzlich ist, wenn ich gar keine Ahnung davon habe, welchen Charakter, welches Wesen er überhaupt besitzt; was er denkt, plant und für sein Leben beabsichtigt?

“Ich glaube, Gott hat dich mir zur Frau bestimmt...” wäre demnach *vor der beidseitigen Entscheidung* eine unrichtige Aussage; *nach* der (ernsthaft geprüften und begründeten) Partnerwahl-Entscheidung dagegen angebracht.

Das Denken, dass Gott den richtigen und passenden Partner vorherbestimmt hat, findet man nämlich ursprünglich in der griechischen Mythologie (und nicht in der Heiligen Schrift, der Bibel): Göttervater Zeus bricht dort eine Töpferscheibe entzwei und wirft jede Hälfte an einen anderen Ort auf der Erde. Und nur dann, wenn genau diese zwei Hälften zusammenfinden, käme eine wirklich “passende” Verbindung zustande. Kein Wunder, dass “unpassende” Konflikte in der zwischenmenschlichen Verbindung dann auf das grundsätzliche “Nichtzueinanderpassen” geschoben werden.
In der Heiligen Schrift wird uns dagegen das grundsätzlich “Unpassende” bei jedem einzelnen von uns mit seinen egozentrischen Motiven und seinem ichsüchtigen Verhalten

aufgezeigt. “Passend” wird ein Paar dann, wenn durch echte Liebe und auf biblischer Grundlage die Harmonie wächst. Das Entscheidende ist also nicht etwas mystisch “Passendes”, sondern die Liebesfähigkeit jedes einzelnen.

Gott zwingt nicht zur Liebe, denn Liebe beruht stets auf Freiheit! Gott zwingt niemanden, eine bestimmte Partnerschaft einzugehen; er überlässt uns die freie Entscheidung. Niemand kann daher im nachhinein Gott anklagen (wie Adam): “Das Weib, das du mir gegeben hast...” Um zu lieben, braucht es einen freien Entschluss, Gott vergewaltigt nicht!

In einer sich entwickelnden Beziehung, in der diese Entscheidungsfreiheit fehlt, sind mit Sicherheit bedenkliche Motive und Absichten vorhanden.

Wer sich also in irgendeiner Art unter seelischen, religiösen oder sonst einen Druck begibt, wird von der Basis her unfähig sein, die richtigen Prüfinstrumente bezüglich Partnerwahl anzuwenden. Mögen gerade hier alle Betroffenen offene Augen haben, um eventuelle heimlich vergewaltigende Druck-Mechanismen zu erkennen und sich davon distanzieren zu können.

Nachdem wir uns Gedanken über unwirksame Methoden zur Partnerwahl gemacht haben, wollen wir im nächsten Kapitel der Frage nachgehen, welche wirksamen Methoden dagegen zu empfehlen sind.

Wirksame Methoden zur Partnerwahl

„Herr, zeige mir, welchen Weg ich einschlagen soll,
und lass mich erkennen,
was Du von mir willst ! Schritt für Schritt
lass mich erfahren, dass Du zuverlässig bist.
Du bist der Gott, der mir hilft...!
David in Psalm 25, 4+5

“Drum prüfe, wer sich ewig bindet...”

Die Ehe eines überzeugten Christen stellt einen Bund zu dritt dar: die gläubigen Ehepartner und Gott. Das ist der Kern im Wesen einer christlichen Ehe. Trotzdem fehlt es nicht an Problemen und notvollen Situationen, die viele christliche Ehen ins Wanken geraten ließen. Tatsächlich hätten sich zahlreiche Paare Kummer und leidvolle Erfahrungen ersparen können, wären sie schon zur Zeit der Partnersuche und Partnerwahl von gesunden Prüfungskriterien, von biblischen Richtlinien und Grundsätzen ausgegangen, die bei diesem Thema nicht übersehen werden dürfen.

“Der Wahn ist kurz, die Reu ist lang...” schreibt Schiller in seinem “Lied von der Glocke”, “drum prüfe, wer sich ewig bindet, ob sich das Herz zum Herzen findet...” Ein auch für Christen empfehlenswerter Ratschlag.

Ein Christ sollte sich bei seiner Partnerwahl an der Heiligen Schrift, der Bibel, also an Gottes Wort orientieren. Hier findet er praktische Wegweisungen und Prinzipien, die ihm als Hilfe gegeben sind, in einer gottgemäßen Art und Weise Fragen seiner Partnerwahl zu überprüfen.

Durch dieses fragende Prüfen anhand der Heiligen Schrift wird der Christ Schritt für Schritt zur inneren Überzeugung und Sicherheit geführt werden, die er als Grundlage für seine Partner-Entscheidung benötigt. "Dein Wort ist meines Fußes Leuchte und ein Licht auf meinem Weg" - so lautet die Zusage in Psalm 119,105.

Wenn wir im Folgenden nun verschiedene Kriterien miteinander betrachten, so möchte ich von vornherein darauf hinweisen, dass man diese nicht als "Liste" gebrauchen kann, um dann die einzelnen Punkte einfach abzuhaken. Denn:

1. Beziehung hat nichts statisches an sich und kann daher auch nicht statisch erfasst werden. Beziehungen wachsen. Daher muss man dem andern auch Raum zum Wachstum geben;
2. Niemand, aber auch gar niemand ist vollkommen. Sie sind es nicht, ich bin es nicht, und Ihr potentieller Partner ist es auch nicht. Deshalb geht es bei den einzelnen Punkte auch immer darum, in welcher Richtung man sich bewegt (ohne das Ziel schon erreicht zu haben) und
3. die Schwerpunkte der einzelnen Kriterien liegen bei jedem Menschen anders. Aber gerade deshalb sollen diese Ausführungen eine persönliche Hilfe sein: Sie sollen besser erkennen lernen, was für Sie (und daher für Ihren Partner) sehr wichtig und was weniger wichtig ist.
4. Die jeweilige Art der Begrenzung, des Makels, der Schwäche oder der "inneren und äußeren Unvollkommenheit" wird von den verschiedensten Personen jeweils anders empfunden. Der eine könnte damit leben, der andere nicht. Manch einer kann mit einer bestimmten Schwäche eines andern Menschen problemlos leben, wobei ein anderer damit völlig überfordert wäre. Und diese Gegebenheiten sollte man bereits vor einer partnerschaftlichen Entscheidung entdecken!
5. Durch die Kriterien werde ich den anderen ein Stück weit "beurteilen". Niemals aber sollte ich ihn "verurteilen". Denn dieses Beurteilen soll lediglich der Ent-

scheidungsfindung dienen – nicht einer Verurteilung meines Nächsten. Es geht darum, mich und den andern in einer möglichen Beziehung miteinander zu beurteilen, nicht um seinen eigenen Selbstwert (denn dieser hat von mir unangetastet zu bleiben! – auch wenn ich zum Schluss komme, dass der andere "nicht zu mir passt").

Was soll überhaupt geprüft werden?

Stellen Sie sich vor, "Mister Klugi" will mit seinem BMW eine weite Reise unternehmen. Und nun prüft er den Stand der Sonne, die Windrichtung, Windstärke und studiert intensiv das Barometer an seiner Hauswand. Völlig daneben! werden Sie richtigerweise bemerken. "Mister Klugi" sollte lieber den Ölstand seines Autos und den Reifendruck überprüfen. Außerdem sollte er nachschauen, ob sich genügend Benzin im Tank befindet und gegebenenfalls noch den Verkehrsfunk hören. Diese Kriterien wären bezüglich seines Vorhabens angebracht. Windrichtung und Einfallswinkel der Sonnenstrahlen mögen "Mister Klugi" zwar interessieren, haben jedoch kaum einen praktischen Wert für seine Reise.

Prüfungskriterien müssen also sinnvoll sein, müssen dem Ziel eines Vorhabens entsprechen.

"Ich will nicht die Katze im Sack kaufen", stellte ein junger Mann bei einer Diskussionsrunde zum Thema "Partnerschaft" kategorisch fest und meinte damit, dass er mit einer möglichen Partnerin zuerst sexuellen Verkehr haben möchte. Er müsse doch schließlich "prüfen", ob man zusammenpassen würde...

Eine etwas verwirrt wirkende Dame erklärte dagegen, sie würde vor einer Heirat zuerst einmal die finanziellen Verhältnisse ihres "Zukünftigen" unter die Lupe nehmen wollen... "Das ist doch alles Unsinn", entgegnete ein Gesprächsteilnehmer, schließlich seien doch die psychologischen Umstände weitaus bedeutsamer, um Prüfkriterien für das Thema Partnerschaft abgeben zu können. “Und welche meinst du?” fragte eine etwa 30jährige, alleinstehende Krankenschwester. “Nun, zum Beispiel: Gegensätze ziehen sich an. Man muss sich doch richtig ergänzen können! Darauf würde ich größten Wert legen.” “Ich würde aber lieber nach dem Grundsatz entscheiden”, meinte die Krankenschwester “gleich zu gleich gesellt sich gern. Wenn man sich nicht ähnlich ist, lebt man sich mit der Zeit auseinander. Stimmt doch, oder nicht?!”

Diese Diskussionsrunde spiegelte die allgemeine Meinungsvielfalt, Unterschiedlichkeit, ja sogar Verwirrung beim Thema Partnerwahl und die damit zusammenhängenden Kriterien wieder. Was stimmt nun? Sind dies Prioritäten, die das Wesen der Partnerschaft berühren oder eher Nebensächlichkeiten? Wir müssen uns folglich zuerst klar darüber werden, was überhaupt geprüft werden soll und worin die göttlichen Prioritäten und Maßstäbe bestehen.

Gebrauchen wir dazu einen bildhaften Vergleich: Sie möchten in einem Boot mit einer Partnerin oder einem Partner über einen großen See rudern. Ziel ist “das andere Ufer”, die Reise dauert normalerweise ein Leben lang “bis dass der Tod euch scheidet...” Dabei würden Sie doch vor allem auf zweierlei achten:

a) das gemeinsame Ziel und
b) Harmonie beim Rudern

Ähnlich verhält es sich auch in einer erfüllten Partnerschaft. Diese beiden Aspekte sollten von erstrangigem Interesse sein. Alles andere ist zweitrangig oder gar bedeutungslos.

Das gemeinsame Ziel

Angenommen Sie würden versuchen - um bei unserem bildhaften Vergleich zu bleiben -, das Boot nach Nordwesten zu steuern, Ihr Partner visiert dagegen eine östliche Richtung an. Welch ein Krampf! Da würde doch die Bootsreise zum gemeinsamen Frust werden, zur ständigen Last, die sich in Unzufriedenheit, Streit, Ärger, Groll und Bitterkeit niederschlagen würde - bis es vielleicht sogar einer von Ihnen nicht mehr aushalten und aus dem Boot springen würde.

Damit eine Ehe keine Last, kein deprimierender Krampf wird, sollte vorher die Frage des gemeinsamen Ziels geklärt werden. Was bedeutet für uns überhaupt Ehe? Warum wollen wir sie führen? Was sehen wir als Ziel und Sinn unserer Ehe an?

Genügt die gemeinsame Überzeugung, dass man es sich im Leben "einfach wohlergehen lassen möchte" oder zusammen Briefmarken sammeln will? Die erste Meinung wäre zu verschwommen und gelingt in der Praxis nicht, weil es an Konkretem mangelt. Die zweite Überzeugung bliebe an der Oberfläche und schafft daher keine echte Harmonie, denn ein Eheleben kann niemals fundamental aus Briefmarkensammeln bestehen. Die gemeinsamen Überzeugungen müssen also die Grundfragen des Lebens betreffen, müssen Ziel, Sinn und Wert der eigenen Existenz mit einbeziehen.

Ehe zu viert - oder zu dritt?

Daher sollten Christen ihre Ehe, wie eingangs bereits erwähnt, als einen Bund zu dritt führen wollen: die beiden Ehepartner und Gott. Üblicherweise versucht man, eine Ehe zu viert zu leben: die beiden Ehepartner und jeweils ihre Traumgebilde! Oft nimmt ein Ehepartner seinen sehr konkreten, fest fixierten persönlichen Traum von Ehe mit ins Eheleben hinein. Der andere ebenso, und so reiben sich vor allem zwei unvereinbare Traumgebilde aneinander und bescheren den beiden “Träumenden” Unzufriedenheit, Groll und Enttäuschung. Man kann nicht mit seinem Traum eine erfolgreiche Ehe führen: “Wenn du dich ernstlich vermählen willst, trenne dich von deinem Traum”, schreibt Michael Quoist.

Die eigenen Vorstellungen, Träume und Visionen sollten ersetzt werden durch den Willen Gottes. Was will Gott mit unserer Ehe? Was bedeutet für Ihn eine Ehegemeinschaft? Worin besteht Sein Ziel und Sein Sinn mit unserer Ehe? Auf diesem Weg kommt geistliche Harmonie auf - das Fundament einer glücklichen, erfüllenden Ehebeziehung!

Diese primären Fragen prägen nämlich meine alltäglichen Entscheidungen. Ob ein Mensch im Alltag mit Gott rechnet, ob er sich darauf einstellt, sich einmal vor dem allmächtigen Schöpfer verantworten zu müssen oder nicht, beeinflusst verständlicherweise sein Verhalten und die Ausrichtung, die er dem persönlichen Leben geben möchte. Ob er gar sein Leben nach Gottes Maßstäben ausrichten möchte oder nicht, ob er die Heilige Schrift als Wort Gottes ernst nimmt oder lieber versuchen möchte, Schmied seines eigenen Glückes zu sein - all dies sind tragende Pfeiler einer geistlichen Haltung, bei der ein Paar zur harmonischen Übereinkunft gelangen sollte.

Erika und Michael - ein Fallbeispiel

Michael hielt nicht viel von Glaubensdingen. Der Gretchenfrage “Wie hältst du es mit der Religion?” wich er lieber aus, als sich engagiert damit auseinanderzusetzen. Beim Studium an der Uni lernte er Erika kennen. Beide halfen sich gegenseitig, den Lehrstoff zu bewältigen, was zur Folge hatte, dass sie sich bald näher kennen und schätzen lernten. Erika und Michael harmonierten tatsächlich wunderbar. Beide hatten sich zum Medizinstudium entschieden, waren sich auch in ihrem sozialen Engagement einig und konnten stundenlang über ihren gemeinsamen “Herzenswunsch” miteinander sprechen: den medizinischen Hilfsdienst in einem Land der Dritten Welt. Jeder hatte bereits ausführliche Informationen darüber gesammelt und Kontakte geknüpft, die nun auch dem andern zugänglich gemacht, beurteilt, eingeordnet und diskutiert wurden.

Erika und Michael wurden gute Freunde, gewannen sich lieb und - hätten sehr gerne ans Heiraten gedacht, wenn nicht dieser eine Punkt gewesen wäre, den Erika anfänglich verschwieg: sie gehörte der Kirche der Zeugen Jehovas an. Und wegen ihrer Glaubensüberzeugung durfte sie nur einen Zeugen Jehova heiraten bzw. mit ihm befreundet sein. Dass Erika gegen ihre eigene Glaubensüberzeugung handelte, indem sie eine Freundschaft mit Michael einging und pflegte, bereitete ihr natürlich ein schlechtes Gewissen und immer mehr seelische Spannungen.

Da Michael jeglicher religiösen Gemeinschaft gegenüber offen war, hoffte Erika insgeheim, auch Michael würde sich bald einmal ihrer Religion anschließen - und so wäre das Hindernis aus dem Weg geräumt gewesen.

Michael begann tatsächlich, Hefte und Bücher der Wachtturm-Gesellschaft zu lesen, doch gleichzeitig fing er auch an, die Bibel zu lesen. Dabei stieß er selbst auf starke Widersprüche zwischen den Lehren der Heiligen Schrift und den Lehren, wie sie in den Schriften der Zeugen Jehovas dargestellt wurden. Als er daraufhin sogar die Geschichte der Zeugen Jehovas studierte, mit all ihren entsetzlich falschen Voraussagen und Verdrehungen - da entschied er sich ganz bewusst gegen diese religiöse Gemeinschaft, weil er sich sonst intellektuell unredlich vorgekommen wäre.

Die Gefühlsbindungen und Abhängigkeiten zwischen Erika und Michael waren inzwischen jedoch sehr stark geworden. Erika bekam Schwierigkeiten mit ihren Eltern, die auch Mitglieder der Zeugen Jehovas waren, und wurde von ihrer Religionsgemeinschaft ausgeschlossen, als bekannt wurde, dass sie sich mit Michael (diesem "Anti-Zeugen-Jehova") verloben wollte.

Trotzdem heirateten Erika und Michael. Doch die Ehe zerbrach. Erika war zwar kein Aktivmitglied, aber in ihrer geistigen Ausrichtung immer noch eine innerlich überzeugte Zeugin Jehovas geblieben. Für sie bedeutete dies faktisch, dass sie in einem sündhaften Kompromiss lebte, dass sie Michael eigentlich gar nicht hätte heiraten dürfen (so könne Gott auch keinen Segen dazu geben, glaubte sie), und somit war ihr geistliches Leben zum Scheitern verurteilt.

Mit dieser Spannung konnte Erika auf die Dauer nicht leben. Sie verfiel in Depressionen und religiöse Wahnvorstellungen, bis sie schließlich in psychiatrische Pflege gebracht werden musste. Michael brachte dagegen keinerlei Verständnis für die innere Zerrissenheit von Erika auf. Auch unterließ er es, in seinen Bibelstudien fortzufahren, um Erika eventuell eine tragfähige Alternative aufzeigen zu können. Bald darauf ließen sie sich scheiden.

Es ist ein Trugschluss zu meinen, dass "die Liebe" alle gegensätzlichen geistlichen oder religiösen Ausrichtungen zudecken würde. Nein, gerade die echte Liebe, die auf die inneren Bedürfnisse des andern höchsten Wert legt, muss darauf achten, dass eine zwischenmenschliche Beziehung nicht zu einem Fallstrick in der religiösen Ausrichtung eines Menschen wird. Seelische und körperliche Harmonie kann niemals wirklicher Ersatz für fehlende geistliche oder religiöse Harmonie sein!

Erika und Michael hätten nur dann heiraten dürfen, wenn auch sie - wie Michael - davon überzeugt gewesen wäre, dass es richtig ist, die Lehre der Zeugen Jehovas abzulehnen. So jedoch verdrängte Erika einfach den geistlichen Bereich ihrer Persönlichkeit, was aber in einen untragbaren Zwiespalt führte. Michael verfiel dem fatalen Fehler, die geistliche Harmonie sekundär zu behandeln. Entweder hätte er selbst

mit Überzeugung den Zeugen Jehovas beitreten müssen (was natürlich aus anderen Gründen nicht empfehlenswert gewesen wäre), oder er hätte so lange warten müssen, bis Erika sich auch innerlich von dieser Glaubensausrichtung hätte distanzieren können.
Ein aktiver, überzeugter Christ sollte daher verständlicherweise einen gleichgesinnten Partner für eine Ehe suchen. In der Ehe wird man dann gemeinsam forschen, was der Wille Gottes für das persönliche Leben ist, wird gemeinsam beten, sich über das Wort Gottes unterhalten, den Kindern wertvolle Impulse mitgeben und gemeinsam versuchen, sämtliche Lebensbereiche - Familie, Beruf, Finanzen, Freizeit, Urlaub - nach dem Willen Gottes zu gestalten.

Mit einem Nichtchristen als Ehepartner wäre dies alles nicht möglich. Eine solche Verbindung wäre von vornherein ein tiefgehendes Hindernis für ein Christenleben und keine Voraussetzung für geistliche Einheit und Harmonie. Deshalb sagt uns auch die Bibel, dass die Eheschließung eines Christen *"im Herrn geschehen muss"* (1. Kor. 7,39).

Und an die Gemeinde in Korinth schrieb der Apostel Paulus (2. Kor. 6,14): *"Macht nicht gemeinsame Sache mit Leuten, die nicht an Christus glauben. Gottes Gerechtigkeit und die Gesetzlosigkeit dieser Welt haben so wenig miteinander zu tun wie das Licht mit der Finsternis."* Oder mit den Worten einer anderen Bibelübersetzung: *"Geht nicht unter fremdartigem Joch mit Ungläubigen! Denn welche Verbindung haben Gerechtigkeit und Gesetzlosigkeit? Oder welche Gemeinschaft Licht mit Finsternis? Und welche Übereinstimmung Christus mit Belial? Oder welches Teil ein Gläubiger mit einem Ungläubigen?"* (Elberfelder, V.14+15)

Wenn zwei völlig fremdartige Lebensziele angepeilt werden, zieht das eine Partnerschaft auseinander. Daher lautet eine wirksame Methode bei der Partnerwahl: Prüfen Sie zuerst das “gemeinsame Ziel”! Schälen sich beim Kennenlernen gemeinsame geistliche oder weltanschauliche Überzeugungen und Übereinstimmungen von Lebens-Sinn und -Zielen heraus, dann steht man bereits auf einem wichtigen Teilstück des Fundaments für eine spätere erfolgreiche Partnerschaft.

Harmonie

Neben dem gemeinsamen Ziel, das man anvisieren möchte, sollten auch wichtige Aspekte der Harmonie beachtet werden. Die Frage nach der - vielleicht erst wachsenden - Harmonie in wesentlichen Bereichen ist ein entscheidender Prüfstein bei der Partnerwahl.
“Hauptsache gläubig, alles andere ergibt sich dann schon” kann ein sehr folgenschwerer Trugschluss sein! Ein Christ sollte auch hier nach göttlichen Maßstäben vorgehen. Daher wollen wir uns nun die Frage nach der Harmonie stellen im

- geistlichen Bereich,
- seelischen Bereich und
- körperlichen Bereich.

Der geistliche Bereich

Die Bibel macht deutlich, dass es keinen Christen gibt, der absolut perfekt lebt (1. Johannesbrief 1,8). Christen leben von der Vergebung und aus der Vergebung. Doch kann es bei kompromissbereiten Gläubigen derart weit kommen, dass ihr geistlicher Bereich schwerwiegend gestört bzw. verschmutzt ist. Denken wir nur an Christen, die voller Neid und Bitterkeit sind, Streit verursachen, indem sie Urteile über andere aussprechen, die eigentlich nur Gott zustehen; gläubige Menschen, die hochmütig wurden und dadurch statt warmherzige Liebe kaltes Pharisäertum ausstrahlen. Oder Christen, die sich bis zur Verblendung in den Sumpf von Lüge und Betrug begeben haben, die andere verleumden oder

sogar unreife Christen an die eigene Person binden, sie ausnutzen und manipulieren.
So traurig es auch ist: das alles kommt in christlichen Kirchen und Gemeinden vor - heute wie vor Hunderten von Jahren (vergl. z.B.: 3. Johannesbrief, Vers 9 ff.).

Stellen Sie sich also im Hinblick auf Ihren Partner Fragen wie "Toleriert er bewusst widergöttliche, lieblose Verhaltensweisen in seinem Leben oder ist er sich seiner Probleme bewusst und versucht diese anzugehen?" "Erkennt er seine Schwächen und Kompromisse und nimmt sie im Vertrauen auf Gottes Kraft in Angriff oder versucht er, sie zu übertünchen oder zu verdrängen?" "Kann er vergeben oder holt er bereits Vergebenes immer wieder hervor?" "Kann er auch um Vergebung bitten oder ist er überzeugt, dass er sowieso stets recht hat?"

Müssen Sie bei solchen Fragen feststellen, dass sich bei dieser Person doch ein kaputtes oder verschmutztes geistliches Leben herauskristallisiert, dann sollten Sie mit diesem Partner keine eheliche Verbindung und daher auch keine Partnerschaft anstreben. Auch wenn es Sie schmerzt: Lösen Sie Ihre Verbindung auf, und beten Sie dafür, dass sich dieser Mensch wirklich von Gott ergreifen lässt und seine Fehlhaltungen in Angriff nimmt. Ein "Ende mit Schrecken" - so lautet ein Sprichwort - ist besser als ein "Schrecken ohne Ende".

Es sind oft tiefgehendere Probleme, die einer ehrlichen Therapie oder langmütigen Seelsorge bedürfen, wenn Christen in Kompromissen stecken, die sie gar nicht mehr wahrnehmen. Gerade Christen, die mit echter Vergebung Probleme haben, entpuppen sich in zwischenmenschlichen Beziehungen (innerhalb und außerhalb einer Partnerschaft) als schwierige Zeitgenossen, die unbedingt therapeutische Betreuung benötigen würden. Kommen Stolz und Hochmut hinzu, wird diese Betreuung meist abgelehnt - die Früchte sind dann dementsprechend!

Hier besteht oft die Gefahr, dass ein Partner meint, er hätte den Auftrag den anderen durch die Partnerschaft positiv zu verändern. Aber: ein fauler Apfel steckt bekanntlich den gesunden an - nicht umgekehrt. Eine Partnerschaft, die zur Ehe führen soll, besitzt schlechte Voraussetzungen, wenn sie sich aufgrund einer seelsorglich-therapeutischen Verbindung entwickelt. Es gibt auch ein "geistliches Helfersyndrom", das genau so wenig als Basis für eine Partnerschaftsbeziehung geeignet ist wie das bekannte psychologische "Helfersyndrom".

Wie schmerzhaft ist es doch immer wieder, wenn man in der Eheberatung feststellen muss, dass sich ein Partner von vornherein mit einem völlig falschen und unnüchternen Optimismus in eine Partnerschaft begeben hat, bei der man dann - leider zu spät - feststellen musste, dass der andere, obwohl er auch Christ ist, im Grunde doch seine eigenen Ziele verfolgt und geistlich schwer gestört ist.

Im Neuen Testament finden sich etliche Beispiele von Christen, die zumindest in Gefahr standen, eigene, ungöttliche Wege zu gehen. So trifft man auch heute immer wieder Christen, die versuchen, am "eigenen Reich" zu bauen, an ihrem Image, ihren Wunschvorstellungen oder gar an ihrem Bankkonto.
Prüfen Sie also die geistlichen Ziele Ihres Partners!

Der seelische Bereich

Zwischen seelischem und geistlichem Bereich besteht verständlicherweise eine enge Wechselbeziehung. Störungen oder Belastungen im geistlichen Bereich werden im seelischen ihren Niederschlag finden. Doch möchten wir auch im seelischen Bereich nach göttlichen Prinzipien vorgehen und uns die grundlegende Definition der Ehegemeinschaft in Genesis 2,24 genauer betrachten:
"Darum wird der Mensch seinen Vater und seine Mutter

verlassen und seiner Frau anhangen und ein Fleisch werden."

Beachten wir dazu die drei Aspekte:

- verlassen
- anhangen
- ein Fleisch werden

Verlassen

Wie realistisch die Bibel doch auch im Hinblick auf eine Partnerbeziehung ist! Da lesen wir zuerst überhaupt nichts von Spaziergängen im Mondschein, von Händchenhalten oder romantischem Kerzenlicht. Dies alles scheint nicht fundamental für den Aufbau einer guten Ehebeziehung zu sein, sondern das Prinzip *verlassen!*

Wie bei einem Neugeborenen ein Schnitt durch die Nabel-schnur erfolgen muss, so müssen Eheleute ihre Eltern verlassen, um selbst Verantwortung für ihr Leben zu übernehmen. Die Geborgenheit des Elternhauses muss aufgegeben werden. Mann und Frau erklären damit: ich bin bereit, eine neue Gemeinschaft einzugehen, mich auf meinen Ehepartner auszurichten, gemeinsam mit ihm durch Höhen und Tiefen des Leben zu gehen und unseren Weg eigen-verantwortlich zu gestalten.

Verlassen tut oft weh. Man ist dabei bereit für ein Opfer, bereit, die Seile zu kappen, die einen als Sohn oder Tochter ans Elternhaus gebunden haben. Verlassen bedeutet aber auch *loslassen.* Loslassen hat mit einer inneren Haltung zu tun. Der junge Mann, der bisher jeden Sonntagnachmittag auf dem Fußballplatz verbrachte, gibt diese Gewohnheit um der neuen Lebensgemeinschaft willen auf. Die junge Frau, die jeden Abend etwas anderes auf ihrem Programm stehen hatte, plant auch ihre Aktivitäten anders, um Zeit für Gemeinschaft zu haben. Oder man verzichtet auf manch teures Hobby, um für den gemeinsamen Haushalt zu sparen, auf ausgiebige Reisen, das größere Motorrad und dergleichen. Der engagierte Bergsteiger verzichtet auf die tagelangen Touren mit seinen Kameraden, die begeisterte Tennis-Spielerin lässt das harte Training und den Ehrgeiz auf den Meistertitel los.

Verlassen heißt loslassen, Verzicht auf die Vorzüge des Junggesellenlebens, Verzicht auf die Vorteile des Single-Daseins. Vielleicht auch Verzicht auf eine bestimmte berufliche Karriere - bei Mann und bei Frau, um die Beziehung nicht allzu sehr zu strapazieren. Man nimmt oftmals auch einen Umzug in eine weit entfernte Stadt in Kauf, weil der Partner dort hauptberuflich den gemeinsamen Lebensunterhalt verdient. Wie die einzelnen Gegebenheiten auch aussehen mögen: Wer nicht zum Verzicht bereit ist, wird das notwendige Prinzip des Verlassens nicht erfüllen können. Liebe - und das merkt man schon hier - heißt auch Opferbereitschaft, heißt zurückstehen um des gemeinsamen Ehelebens willen.

Hier hat jeder Partner bereits vor der Ehe einen wichtigen Prüfstein, ob der andere wirklich "ehefähig" ist: Wer nicht bereit ist zum Opfer und zum Verzicht, wer nicht verlassen kann, soll auch nicht heiraten.
Wie eindrücklich schützte Gott durch dieses Prinzip aber auch die Frau vor der damals weitverbreiteten orientalischen Unsitte, dass die Frau zur Untergebenen (oft Sklavin) der Familie des Mannes oder seiner Sippe wurde!

Das Prinzip "verlassen" verdeutlicht auch, dass dazu eine gewisse Reife vorhanden sein muss. In 1. Mose 2 steht nicht, dass ein Bub sein Elternhaus verlassen soll, um seinem Mädchen anzuhangen, sondern dass ein *Mann* Vater und Mutter verlassen soll, also einer, der gelernt hat, auf eigenen Beinen zu stehen und Verantwortung zu übernehmen.
Nicht von ungefähr lesen wir daher in Sprüche 24,27: *"Besorge draußen deine Arbeit, und bestelle sie dir auf dem Felde, hernach magst du dann dein Haus bauen..."*

Ferner ist "verlassen" auch eine äußerliche Angelegenheit.

Es gibt afrikanische Stämme, bei denen das ganze Drof des Bräutigams kilometerweit tanzend die Braut von ihrem Dorf abholt. Mann und Frau sollen dadurch öffentlich erklären, dass sie ihre bisherige Lebensgemeinschaft aufgeben wollen, um eine neue einzugehen. In Ruth 4 lesen wir von einer öffentlich-rechtlichen Eheschließung zwischen Boas und Ruth. In unserem Kulturkreis geschieht dieses Bekenntnis öffentlich-rechtlich vor dem Standesamt. Wie die öffentlich-rechtliche Seite auch in einem Volk aussehen mag, es gilt: Nur wer eine klare Trennung vollzogen, wer verlassen hat, ist wirklich frei dafür, richtig "anzuhangen".

Anhangen

In der Bibel wird für den Begriff "anhangen" ein hebräisches Wort verwendet, das man auch mit "kleben" übersetzen kann. Wie man ein Bild fest in ein Fotoalbum klebt, so eng und innig werden Mann und Frau miteinander verbunden sein. Untrennbar werden die Beiden sein. Reiße ich das eine weg, beschädige ich unweigerlich beides.

Mit "anhangen" wird kein Suchen, Tasten, Prüfen oder Versuchen beschrieben. Anhangen ist verbindlich, anhangen ist die Folge einer willentlichen, persönlichen Entscheidung. Da entschließt sich ein Mann, mit einer Frau "zusammenzukleben", untrennbar, unauflöslich, für immer "...bis dass der Tod uns scheidet..." Und eine Frau entscheidet sich dafür, alles mit ihrem Mann zu teilen, mit ihm zu einer neuen Einheit zu werden. Zu einer Einheit, in der Not und Leid des einen automatisch auch den andern betreffen, in der es nur gemeinsames Wachsen und Entfalten geben kann; ein einseitiges Reifen würde diese Einheit verzerren und ist letztlich überhaupt nicht möglich, denn das Zurückbleiben des einen würde gleichzeitig auch das Wachstum des andern verhindern.

Wenn die Eheleute ihr Eheleben mit dieser Haltung praktizieren, dann erleben sie eine Einheit wie sie in zwischenmenschlicher Beziehung absolut einmalig ist. Sie stehen sich näher als allen Freunden, Verwandten und Bekannten, ja sogar näher als den eigenen Kindern. Wir sehen daher auch, dass der Entschluss zu dieser Einheit zuerst den geistlich-seelischen Bereich betrifft und sich erst in der Folge im körperlichen Bereich ausdrückt. Zwei Menschen, die sich heiraten möchten, müssen daher zuerst eine geistlich-seelische Einheit schaffen, damit "anhangen" existentiell vollzogen werden kann. Ich muss meinen Partner kennenlernen, erst dann kann ich wissen, ob wir überhaupt miteinander auskommen, ob wir für immer "zusammenkleben" möchten; erst dann kann ich meine Entscheidung, mein Ja in voller Verantwortung treffen.

Wer sich nicht Zeit nimmt, den Partner vor der Heirat kennenzulernen, geht mit seinem Ja leichtfertig um. Oftmals wird ihm dies erst nach der Heirat bewusst, wo es genügend Gelegenheit gibt, den kennenzulernen, mit dem man da wirklich "zusammenklebt". Meine Frage sollte also lauten: "Ist mein Partner wirklich bereit, anzuhangen?" "Besitzt er den unumstößlichen Willen zur Treue und zur Unauflöslichkeit der Ehe?"

Anhangen beinhaltet dauernde Treue. Zur echten Ehebeziehung gehört dieser willentliche Entschluss zur Treue - auch in schwierigen Zeiten. Ehe auf Zeit besitzt keine Basis! Ein Partner, der nicht gewillt ist, mit seinem ganzes Leben *anhangende Treue* zu wagen, kommt als christlicher Ehegefährte nicht in Frage!

Heutzutage hört man oft den Einwand, dass die Ehe den Tod der Liebe bedeuten kann. Man will sich gegenseitig stets auch die Freiheit bewahren, die Beziehung wieder aufzulösen, wenn man eben sieht, dass sie nichts (mehr) bringt. Würde man sich durch einen Trauschein aneinanderketten, so wird argumentiert, wäre die Liebe ja nicht mehr freiwillig, sondern ein Muss, und damit wäre doch der Tod der Liebe eingeläutet.
Dieser Meinung muss man drei Aspekt entgegenhalten:

a) Liebe ohne den willentlichen Entschluss zum Durchhalten ist keine wirkliche Liebe. In jeder Ehe gibt es Durststrecken, oder es "stürmt mal kräftig". Liebe beruht zwar auf Freiheit, aber nur dort, wo man sich frei entscheiden kann und soll, ob man nun lebenslang verbunden sein will, ob man unwiderruflich anhangen möchte; dort, wo man sich frei entscheiden soll, wen man lieben will - für immer! Liebe ohne Treue ist ein Widerspruch in sich selbst; denn Liebe besteht aus einer verbindlichen Gesinnung, stets das Beste für den andern zu wollen und zu suchen. Ohne Treue wird Liebe zur ichbezogenen Wohlfühl-Aktivität verzerrt. Ohne Treue fehlt der Liebe die Basis, worauf sich beständiges Vertrauen, tiefe Geborgenheit, ja letztlich eine wahre Freundschaft (ohne die eine Ehe oberflächlich und verstümmelt wäre) entwickeln kann.

b) Das willentliche und ernsthafte unauflösliche Treueversprechen schafft einen Schutzraum, vermittelt Geborgenheit und Sicherheit, die gerade in Konflikten besonders zum Tragen kommt. Wahres Eheleben kann man ohne diese Treue-Gesinnung gar nicht erleben. Vor allem das tiefgründige seelische Empfinden der Frau leidet - oft unbewusst - unter dem Fehlen dieses Schutzraumes, macht eine Frau unsicher und unzufrieden. Probleme können ganz anders bewältigt werden, wenn das Verbindliche dieses Treueversprechens gegeben ist.

c) Auch heißt Liebe "Verpflichtung". Das Treueversprechen beinhaltet den unerschütterlichen Freundschaftserweis in "guten wie in bösen Tagen" - ohne Wenn und Aber, ohne Schlupfloch, durch das ich mich davonstehlen kann, falls ich doch in Situationen komme, die ich nicht mehr bewältigen kann. Wer Liebe leben will ohne Verpflichtung lebt letztlich in einer Ich-Kultur.

Es dürfte auch klar sein, dass vor allem Kinder diesen Schutzraum lebenslanger Treue brauchen, um sich in Geborgenheit entwickeln zu können. Manche Kinder könnten hier wohl noch viel eindrücklicher verdeutlichen, dass Liebe nicht jene Freiheit meint, wo der Papa eines

Tages keine Lust mehr hat, seiner Familie treu zu sein. Sie könnten wohl noch ergreifender darlegen, wie wichtig es ist, dass Liebe in eine verpflichtende Entscheidung mündet, in einen lebenslangen Entschluss zur Treue und Verbindlichkeit. Welche Geborgenheit für Mann, Frau und Kinder erwächst doch aus dieser ernstgemeinten, positiv gelebten Verpflichtung, zu der man sich freiwillig, in Liebe, entschieden hat!

Es ist gut, wenn ich mich angesichts dieser hohen Forderungen vielleicht überfordert fühle; denn gerade hier merke ich um so besser, wie notwendig es ist, dass meine Erwartung, Liebe und Treue leben zu können, nicht auf mir ruht, sondern auf der Kraft und Liebe meines Gottes und Schöpfers! (Philipperbrief 4,13b) Nur er kann letztlich der Garant für unerschütterliche Verbindlichkeit sein. Er selbst verkörpert vollkommene Treue, die nicht erschüttert werden kann (2. Timotheusbrief 2,13).

Ein Fleisch werden

Verlassen und Anhangen - diese beiden Prinzipien bergen die Möglichkeit der Einheit, die Möglichkeit der echten Liebe, die sich dann bis in den körperlichen Bereich hinein auswirkt. Verlassen und Anhangen sind das Flussbett, in dem ein wunderbarer Strom sexueller Liebe dahingleiten kann. “Ein Fleisch werden”, die körperliche, sexuelle Vereinigung in der Ehe, ist der tiefste Ausdruck menschlicher Einheit. Geschlechtsverkehr ist also nicht ein Mittel, um eins zu werden, sondern Folge und Ausdruck der Einheit zwischen Mann und Frau. Tiefste Einheit ausdrücken zu wollen, ohne Verbindlichkeit (Verlassen und Anhangen), wäre Lüge und Trug.

Dieses “ein Fleisch werden” deutet aber nicht nur auf körperliche Einheit hin, sondern malt ein umfassendes Einssein vor Augen. Die Ehepartner - nach Matth. 19,6 nicht mehr zwei, sondern “ein Fleisch” - teilen nun alles: Freud und Leid, Lachen und Weinen, Hoffen und Verzagen, Erfolg und Enttäuschungen, Not und Glück, Gesundheit und

Krankheit. Christliche Eheleute haben sich miteinander identifiziert!

Wie denkt Ihr Partner über das rechte "ein Fleisch werden" in der Ehe? Auch hier hat der christliche Partner einen klaren Prüfstein für seine Partnerwahl. Keinesfalls sollten Sie sich als Objekt sexuellen Verlangens oder als Erfahrungs-Spender missbrauchen lassen!

Charakterliche Harmonie

Zum seelischen Bereich gehört auch die charakterliche Harmonie. Nicht die charakterliche oder temperamentsmäßige Gleichheit, sondern die Ergänzungsfähigkeit, die Harmonie ist gefragt. Einerseits heißt es, dass sich Gegensätze anziehen. Das ist auch gut so und dient zur Ergänzung, wenn z.B. ein etwas extrovertierter Mann eine etwas introvertierte Frau möchte. Doch andererseits kann ein Partner in seiner Verliebtheitsphase von einem Menschen, der den genauen Gegensatz zu ihm darstellt, fasziniert sein und ihn begehren. Doch stellen Sie sich den phlegmatischen Mann vor, dessen höchstes Glück es ist, stets zu Hause zu sein, der keine Hobbys und keine besonderen Interessen hat außer Fernsehen und Fruchtsäfte trinken; und dagegen die Frau, sprühend, voller Leben, sportbegeistert, musikalisch, kontaktfreudig, die kaum ruhig sitzen kann, sondern vor Aktivität fast explodiert: die Reibungsfläche dieser beiden wäre unverantwortlich groß! Ohne es zu wollen, würden sie sich mit der Zeit "auf den Wecker gehen". Nichts gegen Gegensätze - aber es muss Harmonie entstehen können.

Zwei sehr gegensätzlich gelagerte Menschen können sich harmonisch ergänzen, wogegen zwei andere, obwohl sie ebenfalls gegensätzlich sind, immer aneinander vorbeireden, Disharmonie erzeugen und sich missverstehen. Zwei sich sehr gleichende Partner können dies als erfreuliche Harmonie erleben, wogegen zwei andere sich gleichende Menschen dies als frustrierend erfahren können.

Ich halte also nichts davon, wenn man versucht, gewisse psychologische Konstellationen zu Rate zu ziehen, um herauszubekommen, ob man "zusammenpasst". Passt beispielsweise ein sehr kontaktfreudiger Mensch besser zu einem etwas reservierteren oder besser zu einem aufgeschlossenen Partner? Solche Fragen führen zu keinem hilfreichen Ergebnis. Auf die wachsende Harmonie kommt es an, und die kann man nur durch aufrichtiges, seriöses Kennenlernen feststellen.

Selbstverständlich sollte man immer konkreter wissen und erleben wie der andere veranlagt ist, von welcher Seelenart er beeinflusst wird, welche seelische "Sprache" er spricht. Lassen Sie uns dies am Beispiel zweier "Empfindungstypen" etwas aufzeigen:

Den einen Typus nennen wir "vertikalen", den anderen "horizontalen" Empfindungstypus. Der "horizontale Empfindungstypus" ist mehr "nach vorwärts" orientiert. Realistisch, zukunftsorientiert, praktisch, nüchtern, objektiv, zielstrebig und mit folgerichtiger Logik geht er seinen täglichen Aufgaben nach, wobei er nicht viel Verständnis oder Interesse für tiefergehende seelische Konstellationen, für Persönlichkeitsanalysen oder bereichernde Gemeinschaftserlebnisse aufbringt. Er neigt eher dazu, unromantisch zu sein und wirkt daher seelisch verschlossen oder distanziert. Sein "Empfindungsvolumen", das genauso groß ist wie das des "vertikalen Empfindungstypus" ist einfach anders gelagert - auf die praktische Lebensebene ausgerichtet - und ließe sich daher bildlich vielleicht wie folgt darstellen:

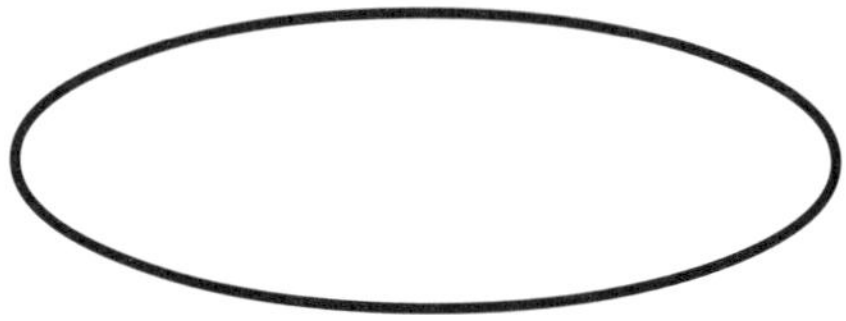

Das "Empfindungsvolumen" des "horizontalen Empfindungstypus" ist mehr auf die praktische Lebensebene ausgerichtet

Der "vertikale Empfindungstypus" weist sich dagegen durch ein sehr tiefgehendes Gefühlsleben aus. Seine feinen Empfindungen empfangen oft die verschiedensten Signale, ohne diese jedoch immer richtig verarbeiten oder einordnen zu können. Sein "Empfindungsvolumen" ließe sich etwa so darstellen:

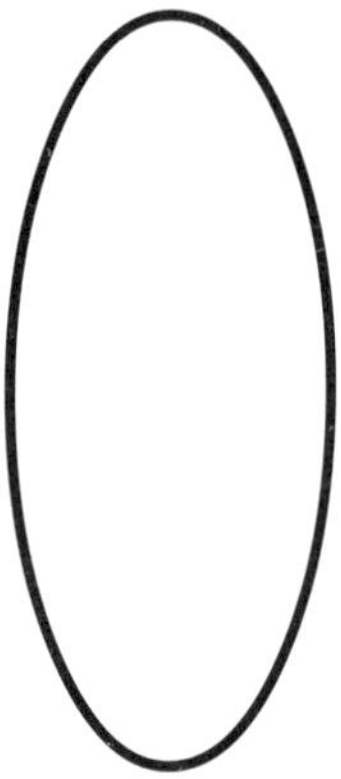

Das "Empfindungsvolumen" des "vertikalen Empfindungstypus" richtet sich mehr auf tiefgehende Impulse und Intuitionen

Der "vertikale Empfindungstypus" verabscheut zutiefst eine oberflächliche Lebensweise. Genauso widerstrebt ihm eine zwischenmenschliche Beziehung, die sich vor allem auf praktische, nüchterne Gemeinsamkeiten stützt. Er weiß um die Existenz von "seelischen Tiefen", die er selbst nicht ganz auszuloten vermag, doch hinterfragt er sich immer wieder,

überprüft den eigenen Standpunkt, liebt zärtliche, leise Signale des Verstehens und versucht, manche Gegebenheiten eher intuitiv zu erfassen. Tiefgehender Gedankenaustausch, das Eindringen in die Empfindungswelt eines anderen Menschen, das Ringen um Verständnis und das Streben nach psychischer Lebensqualität pochen in seinen Adern genauso wie der Hang zur Romantik, zur Träumerei oder auch zu gewaltigen seelischen Spannungen.
Nun ist es möglich, dass zwei "vertikale Empfindungstypen" heiraten:

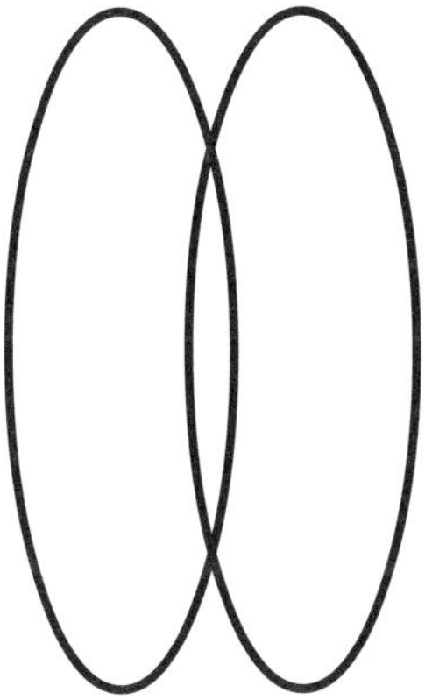

Sie können miteinander tiefe seelische Harmonie erleben. Jedoch besteht die Gefahr, dass sie immer mehr um sich selbst kreisen, sich gegenseitig in ihren "Scheuklappen" gegenüber der alltäglichen Wirklichkeit bestärken oder gemeinsam in unrealistische Träumereien verfallen und sich innerlich von der "verständnislosen Außenwelt" zurückziehen. Sie könnten mit dem nüchternen, praktischen Leben Mühe bekommen und sich deshalb immer stärker aneinander aufreiben, sich gegenseitig Versagen und Schuld im Leben zuschreiben und sogar "die Nase voll bekommen" von den "Tiefsinnigkeiten" des andern, die oft genauso spannungsgeladen und verworren sind wie die eigenen. Solch eine Verbindung der besonders ausgeprägten seelischen Übereinstimmung kann also sowohl Harmonie wie auch Unstimmigkeit bis zur Ablehnung hervorbringen.

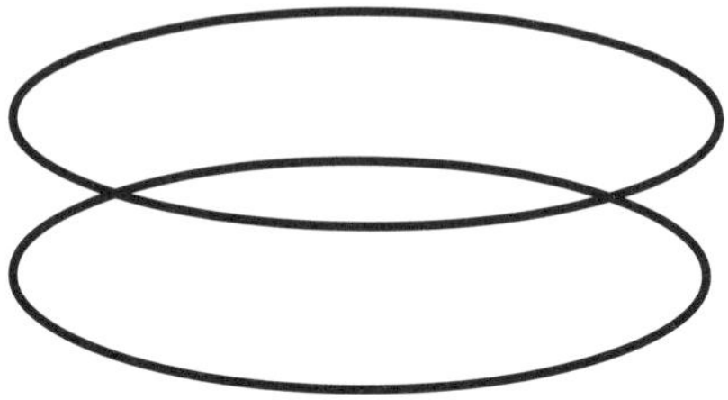

Auch zwei "horizontale Empfindungstypen" können gemeinsam sehr erfolgreich und effektiv sein. Sie könnten zahlreiche Unternehmungen durchführen, aktiv, zielgerichtet und beständig Dinge auf die Beine stellen. Jedoch gibt es auch hier Gefahren: Die Beziehung könnte zu einer "Speise- und Bettgesellschaft" werden - ohne seelischen Tiefgang oder geistige Höhe. Die Gemeinschaft könnte derart oberflächlich, materialistisch oder aktivistisch werden, dass der psychische Horizont jedes einzelnen verkümmern würde. Auch diese Verbindung einer anderen Art von ausgeprägter Übereinstimmung kann sowohl Harmonie wie auch Unstimmigkeit, Verflachung bis zur Entfremdung hervorbringen.

Auch ein "horizontaler" und ein "vertikaler Empfindungstyp" könnten einander heiraten. Die größte Chance dieser Verbindung würde in der so wertvollen, wichtigen und persönlichkeitsprägenden "Horizonterweiterung" liegen, die beide Partner deshalb erfahren können, weil das "Empfindungsvolumen" des andern sehr gegensätzlich ist.

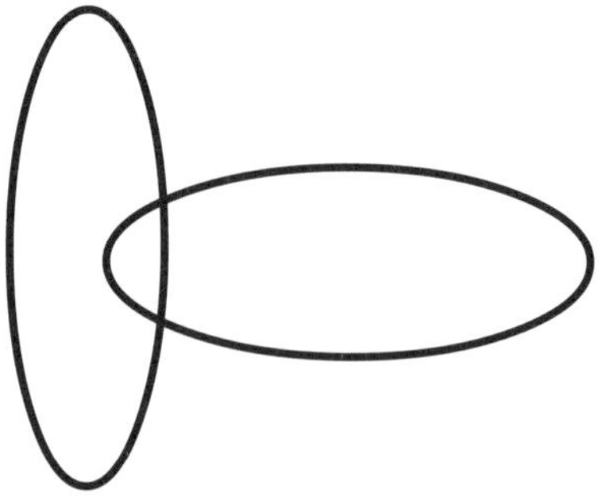

Üben sich beide intensiv im Zuhören, im Aufeinandereingehen, im Verstehen- und Sich-achten-Lernen, so kann auch solch eine Beziehung eine kompakte, harmonische Gemeinschaft werden.

Mit der Zeit wird der “vertikale Empfindungstypus” vom praktischen, realistischen Sinn seines Partners sehr profitieren und selbst manches dazulernen, was er persönlich von seiner Einstellung her “noch nie so gesehen hätte”...

Ebenfalls kann der “horizontale Empfindungstypus” seinem seelischen Empfpindungsvolumen mehr Tiefgang, mehr Qualität und auch mehr “Höhe” geben, wenn er sich mit seinem Partner austauscht und sich im Verstehenlernen übt.

Erfahrungsgemäß liegen die größten Schwierigkeiten jedoch darin verborgen, dass sich der “vertikale Empfindungstypus” von seinem “horizontalen” Partner nicht ernst genommen oder nicht verstanden fühlt. Mit seinen “seelischen Tiefen” fühlt er sich alleingelassen, und vor allem: er erwartet von seinem Partner denselben seelischen Tiefgang, wie er ihn persönlich erlebt. Der “horizontale Empfindungstypus” kann zwar durch den gemeinsamen Gedankenaustausch immer mehr *Verständnis* für das “vertikale” Gegenüber bekommen, doch wird er diese “Tiefen” niemals *nachempfinden* können (was auch nicht nötig ist).

Der “vertikale Empfindungstypus” muss dies unbedingt erkennen und akzeptieren können: er darf nicht darauf hoffen, dass das, was ihn selbst zutiefst bewegt, vom Partner nun genauso nachempfunden werden kann und es daher zu einer seelischen Empfindungs-Übereinstimmung kommt. Er kann lediglich auf Verständnis hoffen. Macht er sich dagegen falsche Hoffnungen (die ja gar nicht erfüllt werden können), ist er enttäuscht und frustriert - was sich verständlicherweise negativ auf die Beziehung auswirkt.
Der “horizontale Empfindungstypus” kann sich dagegen völlig überfordert fühlen (was er aufgrund seiner

empfindungsmäßigen Ausrichtung tatsächlich auch ist) und sich daher als Person mit seiner individuell ganz anders gelagerten Empfindungsart abgelehnt vorkommen.

Selbstverständlich sind oben beschriebene Typen extrem skizziert und kommen in der Wirklichkeit nie so "reinrassig" vor. Es geht mir jedoch darum, anhand dieser Beispiele ein grundsätzliches Prinzip aufzuzeigen: Denken Sie bei einer Partnerschaft darüber nach, ob sich Ihre Empfindungskonstellationen zur Harmonie hin entwickeln oder nicht. Vor zu großen Gegensätzen möchte ich genauso warnen wie vor zu intensiver Gleichheit; denn zu große Gegensätze könnten eine Überforderung des einzelnen darstellen, so dass es nicht zu einem rechten Verständnis füreinander kommt. Zu intensive Gleichheit dagegen kann zu innerer Ablehnung oder Verflachung führen, weil es an der notwendigen Ergänzung und Spannkraft fehlt.

Kommunikationsfähigkeit

Diese Aspekte sind eng verbunden mit der Kommunikationsfähigkeit eines Menschen. In dieser Fähigkeit zu wachsen gehört sicherlich zur wichtigsten Entwicklung in einer Beziehung.

Das gesprochene Wort ist eine der stärksten und nachhaltigsten Wirkungsmöglichkeiten des Menschen und ein unverzichtbares Mittel zur echten Gemeinschaft.

Haben Sie es schon erlebt, wie verzweifelt man in einem fremden Land sein kann, wenn man jemandem näherkommen möchte, doch seine Sprache nicht versteht? Schnell stößt man dann an die Grenzen der Verständigung und fühlt sich allein und einsam. Es kommt dabei nie zu einer tiefen Begegnung mit dem andern. Es ist keine Kommunikation möglich und daher auch keine tiefe Gemeinschaft und Beziehung.
Kommunikationsfähigkeit - das Sich-Mitteilen und das Aufnehmen der Gedanken und Äußerungen eines andern -

schafft eine tiefgehende zwischenmenschliche Beziehung und gehört daher zu den wesentlichen Prüfsteinen bei der Partnerwahl. Mit diesem Punkt hängt auch die bereits erwähnte Frage der seelischen Harmonie zusammen. Mit einem Menschen, der sich stets in Schweigen hüllt, wird keinerlei seelische Harmonie entstehen können. Auch mit einem Partner, der nie auf das Gesagte eingeht, nie richtig zuhört oder einfach nicht fähig ist, sich mir verständlich zu machen, wird diese Harmonie nicht zustande kommen.

Ein Aspekt der Kommunikationsfähigkeit ist das bewusste Zuhören-Können: Erinnern Sie sich noch an so manche Situation in der Kindheit, als Sie einen Erwachsenen etwas fragten und eine tadellose Antwort erhielten - auf eine ganz andere Frage?!
Wie enttäuscht waren Sie da. Auch wenn Sie als Erwachsener merken, dass man Ihnen nicht wirklich zuhört, heißt das für Sie Enttäuschung und Frustration. Nur wenn Sie einem anderen zuhören, kommen Sie in wirklichen Kontakt mit ihm; nur dadurch können Sie echten Anteil am Leben des Partners nehmen.
Zuhören ist der Schlüssel zum Verständnis, die Tür zum Herzen der anderen Person.

Echtes Zuhören ist jedoch nicht möglich:
- wenn Sie von vornherein zu wissen glauben, was der andere sagen wird;
- wenn Sie schon von vornherein ein Urteil oder eine "Diagnose" über den anderen gefällt haben;
- wenn Sie versuchen, nur das zu hören, was Sie hören wollen (unweigerlich werden Sie dann Aussagen so verdrehen, dass Sie das mitteilen, was Sie hören möchten, oder Sie legen dem Gesprächspartner andere Worte in den Mund);
- wenn Sie den anderen nicht ausreden lassen oder ihm keine Zeit dazu geben, seine Gedanken zu formulieren;
- wenn Sie sich während Ihres Zuhörens schon die eigene Antwort überlegen und zurechtlegen;

- wenn Sie dem anderen Ihren Willen aufzwingen wollen;
- wenn Sie nicht bereit sind, den anderen grundsätzlich als Mensch mit seiner Eigenart wertzuschätzen und zu akzeptieren
- wenn Sie sich nur um sich selbst drehen!

Echtes Zuhören ist ein wohltuender Ausdruck von echter Liebe und wesentlicher Bestandteil wirklicher Kommunikationsfähigkeit!

Sie sollten sich also fragen: Kann mir mein Partner überhaupt zuhören? Können wir uns einander mitteilen? Ist Kommunikationsfähigkeit vorhanden bzw. wächst sie? Oder reden wir stets aneinander vorbei, hüllen uns in Schweigen oder sind unfähig, ein Problem miteinander zu besprechen?
Gestörte Kommunikationsfähigkeit kann nicht wettgemacht werden durch die Körpersprache - auch nicht durch sexuellen Ausdruck.

Was wir als "seelisches Zusammenpassen" empfinden hängt also vielmehr von der echten Liebesfähigkeit einer Person ab, auf die wir später noch zu sprechen kommen werden. Von der "Grundausrüstung" her gesehen sollte einfach das Wesen, das Temperament eines Menschen angenehm und sympathisch wirken, ähnlich, wie wir es in körperlicher Hinsicht noch betrachten werden. Hat ein Mensch eine Wesensart, die einem grundsätzlich auf die Nerven geht, sollte von einer Partnerschaft - sofern die Partner vernünftig sind - Abstand genommen werden. Hier wäre ein natürlicher psychischer Riegel vorgeschoben, den man nicht beiseite schieben darf. Doch gerade dieser Punkt wird bei der Partnerwahl oftmals in den Hintergrund geschoben, wenn man vom Körper des andern fasziniert ist. Man begehrt dann so intensiv das Äußere, dass die wesensmäßige Art und Weise des andern gar nicht richtig wahrgenommen wird. Und durch sexuellen Kontakt würde diese Proportionsverschiebung nur noch extremer werden.

In der Eheberatung habe ich wiederholt feststellen müssen, dass sich Paare, die sich von Ihrem Äußeren derart beeinflussen ließen, dass sie die Wesensart sekundär behandelten und doch heirateten, sehr bald an das Äußere des andern gewöhnt hatten. Dadurch "normalisierten" sich die äußeren Reize ebenso - und die Art und Weise des andern nervte einem zusehends, so dass auch die zuvor als sehr positiv beurteilten äußeren Eigenschaften einen Negativcharakter bekamen. Lernen Sie also gründlich das Wesen des andern kennen und lassen Sie sich nicht von der äußeren Schale blenden.

Der körperliche Bereich

Was für Sie selbst "schön" ist und was nicht, kann Ihnen eigentlich niemand sagen, denn körperliche Schönheit wird wesentlich von der inneren Schönheit geprägt und verschiedentlich wahrgenommen.

Bei Ihrer Partnerwahl sollten Sie jedenfalls bedenken: die körperliche Anziehungskraft, die äußere Schönheit wird sich ändern. Für manchen sogar schneller als er es vermutet. Was bleibt dann übrig...?

Fragen Sie sich also: Kann ich zu dieser Person JA sagen, auch wenn sie morgen einen Unfall hätte und den Rest des Lebens mit zerschundenem Körper verbringen müsste?

Trotz dieser wesentlichen Grundgedanken hat Gott eine natürliche Anziehung geschaffen. Darüber dürfen wir uns freuen. Doch auch hier ist zu bedenken, dass diese wächst, je mehr man sich kennen- und lieben lernt.

Empfinden Sie jedoch, auch bei besserem Kennenlernen, körperliche Abneigung gegenüber ihrem Partner, so dürfen Sie getrost wissen: eine Ehe mit diesem Partner liegt nicht innerhalb des Willens Gottes.

Anderseits bedeutet ein schönes, erotisch anziehendes Äußeres noch lange nicht, dass auch der Charakter, das Temperament, die Liebesfähigkeit oder die Kommunikationsfähigkeit derart positiv zu beurteilen sind.

Obgleich diese Aussage bei jeder Leserin und jedem Leser sicherlich auf Zustimmung trifft, lässt man sich in der Praxis doch nachhaltig von der Wirkung des Aussehens beeinflussen. Aber machen Sie sich jetzt schon folgendes bewusst:

Jeder Mensch wird älter, und dadurch stellen sich Falten und Altersflecken, verschiedene körperliche Abnutzungserscheinungen und andere Gebrechen ein. Diesen Prozess kann keine Kosmetik aufhalten. Die Bilder äußerer Schönheit, denen wir gefrönt haben, werden unaufhaltsam vergehen. Was bleibt?

Die Maßstäbe für Schönheit, die man uns übergestülpt hat, sind nicht objektiv, und doch sind wir davon beeinflusst. Machen Sie sich das bewusst, und fragen Sie sich, ob nicht auch schiefe Zähne, kleine Augen, ein wenig Schielen, eine große Nase oder ein breiter Mund "schön" sein können. Es kommt zum großen Teil darauf an, welche Wertungen wir selbst diesen Attributen zuschreiben!

Testen Sie diese Aussage einmal, und versuchen Sie bei der nächsten Begegnung mit einem Menschen, bei dem Sie den ersten Eindruck haben, er habe an seinem Äußeren eine hässliche oder unschöne Eigenschaft, sich zu sagen, dass genau diese Eigenschaft eigentlich interessant, in sich perfekt und schön sei. Sie werden merken, wie leicht sich manchmal das persönliche Empfinden dadurch beeinflussen lässt.

Und doch sollte es keine Frage sein, dass bei der Partnerwahl auch das Äußere beachtet werden muss. Wenn Sie das Äußere eines anderen Menschen als abstoßend empfinden, dann funktioniert hier eine natürliche Schranke, die Ihnen bereits bei der Partnerwahl weiterhilft; denn wenn Sie sich für einen Partner entscheiden, sollten Sie dabei keine Ekelschranke überwinden müssen. Die Anziehungskraft in körperlicher Hinsicht ist zwar nicht das Wichtigste, doch sollte Ihr künftiger Partner mit seinem Äußeren angenehm auf Sie wirken. Sie brauchen ihn nicht als "Mister Universum" oder sie nicht als "Miss World" wahrzunehmen. Nein, das ist nicht nötig. Doch in körperlicher Hinsicht sollte eine angenehme, sympathische Wirkung vorhanden sein.

Körperliche Einschränkungen

Bei diesen Gedanken erscheint es mir auch wichtig, dass zwei Menschen bereits am Anfang einer Beziehung die eventuellen körperlichen Krankheiten, Gebrechen oder Behinderungen voneinander kennen.

Nüchtern und ehrlich zu sich selbst sollte man sich bei einer vorliegenden Behinderung des möglichen Partners fragen: Kann ich diese Behinderung überhaupt voll akzeptieren? Die Art der Behinderung, und inwieweit sie als Hinderungsgrund für eine Partnerschaft anzusehen ist, hängt vor allem von der individuellen Einstellung und dem persönlichen Empfinden dieser Behinderung gegenüber ab.

Falsch wäre es hier, aus Mitleid zu handeln. Mitleid war noch nie eine tragfähige Grundlage für eine eheliche Gemeinschaft; denn Mitleid ist primär ein Gefühl des herzlichen Erbarmens. Doch dieses Gefühl wird mit der Zeit verschwinden, und die froh getragene Einschränkung, die aus Mitleid akzeptierte Behinderung, wird zusehends als Last empfunden. Dies ist dann weder für den nichtbehinderten noch für den behinderten Partner erbauend. Der Behinderte fühlt sich abgewiesen, überflüssig, als lästiges Anhängsel; der Nichtbehinderte kann in eine Märtyrerhaltung versinken (die mit der Zeit die Achtung vor dem andern zerstört), oder er hängt dem Verlangen nach, die "Last" abzuschütteln, indem er aus der Verbindung flieht (ob dies durch offizielle

Trennung oder durch ehebrecherische Verbindungen geschieht, ist bei unserer Frage hier zweitrangig).

Zwei Fallbeispiele
Peter und Michael waren Zwillingsbrüder, beide Techniker und beide hatten eine behinderte Frau geheiratet.

Peters Frau litt aufgrund eines Verkehrsunfalls an ihrer Motorik und konnte ihre Bewegungen nicht mehr gut koordinieren, was im praktischen Alltag oft recht schwierige Situationen hervorrief. Peter hatte jedoch keine Probleme mit dieser Behinderung. Er konnte sie voll und ganz annehmen, stellte sich auf verschiedene praktische Hilfeleistungen ein, die er im Alltagsleben gerne tat und hatte mit seiner Frau eine sehr tiefe Beziehung, gemeinsame Ziele, intensiven Gedankenaustausch und Harmonie. Gemeinsam setzten sie sich für Adoptivkinder ein, erfüllten dadurch eine sehr feine Aufgabe und konnten sich in ihrer Zweierschaft gut ergänzen. Nach 17 Jahren Ehe können beide bezeugen: "Wir würden uns wieder heiraten - trotz Behinderung."

Anders war es bei Michael und seiner Frau Susanne. Obwohl sich Susannes Behinderung auf die Beine beschränkte (sie konnte sich nur langsam humpelnd fortbewegen) und sie praktisch die gesamte Hausarbeit gut bewältigen konnte, wuchs bei Michael innerlich immer mehr eine starke Abneigung gegenüber dem Gebrechen von Susanne. Er konnte die Behinderung nicht akzeptieren, sinnierte stattdessen wie schön es doch wäre, wenn seine Frau mit ihm wandern, schwimmen oder Tennis spielen könnte... Durch diese Phantasien wurde er nur noch unzufriedener und kam mit der Zeit zur Überzeugung, dass er in einem ehelichen Manko lebte, dass er mit seiner Susanne zu kurz käme und er am liebsten doch eine andere Frau hätte. Um der gemeinsamen Kinder willen blieb jedoch auch er seiner Frau - mindestens äußerlich - treu, doch die Ehebeziehung hat sich völlig verflacht. Man lebt nur noch nebeneinander her, versucht, das alltägliche Familienleben über die Runde zu bringen, ist innerlich jedoch weit voneinander entfernt, und bei Susanne stellten sich in den letzten Jahren vermehrt Depressionen ein.

Beide Frauen hatte ihre Behinderung bereits vor der Eheschließung. Michael hatte sich jedoch vor allem von Mitleidsgefühlen leiten lassen, die natürlich nicht anhielten. Nun hätte er nur noch die Chance, ganz bewusst das Gebrechen seiner Frau anzunehmen und mit aller Kraft das Beste, das Förderlichste, das Erbauendste für sie vollbringen zu wollen. Dieses praktische Lieben würde wieder eine Chance zum Zueinanderreifen bieten, zwar ein schwieriger, oft unangenehmer, doch lohnender Weg. Betritt Michael diesen Weg nicht, so wird er sich früher oder später völlig von Susanne distanzieren.

Trotz dieser Überlegungen sollte es keine Frage für einen Ehepartner sein: tritt in der Ehe der Zustand einer Behinderung oder sonstigen Einschränkung ein, darf kein einziger Gedanke darüber verloren werden, ob man das nun akzeptieren kann oder nicht: das willentliche Akzeptieren gehörte zum Ehe- und Treueversprechen. Wer sich auf diese Basis stellt und diesbezüglich keine Zweifel hochkommen lässt, der wird dann auch erleben, dass Gott ihm beim praktischen Akzeptierenlernen und Annehmenkönnen hilft und es fördert.

Der soziale Bereich

Prof. Dr. Wilder-Smith schrieb einmal über das aufschlussreiche Verhalten im sozialen Bereich: “Im Büro oder auf dem Tanzboden kann er galant und höflich sein, zu Hause kann er aber auf die Dauer alles andere als ein Gentleman sein. Wie der junge Mann mit seiner Mutter zu Hause umgeht, wird der jungen Dame klarmachen, wie er mit ihr später umgehen könnte.”Wenn die Mutter der angehenden Braut diese bittet, das Haus zu fegen oder bei dem riesengroßen

Aufwasch zu helfen, kann ihr Verehrer schnell ihren wirklichen Charakter erkennen.

Wenn man einer Verbindung zwischen der Studienrätin und dem Angestellten der städtischen Müllabfuhr abrät, dann hat dies nichts mit der Diskriminierung eines Berufes zu tun, sondern mit der drohenden Wahrscheinlichkeit, dass beide in ihrem geistigen Austausch aneinander vorbeireden. Das heißt nicht, dass sich nur Abiturienten mit Abiturientinnen und Hauptschüler nur mit Hauptschülerinnen verbinden sollten - es gibt sehr intelligente Hauptschüler und hoffnungslos querdenkende Abiturienten. Auch hier ist es wichtig, dass Harmonie gegeben ist, dass man die "gleiche Wellenlänge" trifft.

Ein Metzgermeister wird wohl schwer mit einer überzeugten Vegetarierin harmonieren - auch wenn beide Christen sind. Harmonie entsteht dort, wo - sehr wohl verschiedenartige - Töne zu einem Akkord zusammenfinden.

Erst jetzt sollten noch Gebiete erwähnt werden, die in säkularen ehelichen Verbindungen oft an vorderster Stelle stehen: Beruf, familiärer Hintergrund, Hobbys, Sportarten, Vermögen, Liebhabereien usw.

Wichtig ist hier vor allem, welchen Stellenwert das Hobby, der soziale Status oder das Vermögen im Leben des Partners einnehmen. Ist der Partner davon überzeugt, dass "Kleider Leute machen", dass "Geld die Welt regiert", und sucht er darin sein Wertgefühl, dann würde dies berechtigte Zweifel an der Gesundheit seines geistlichen Bereiches aufkommen lassen; die Störungen hätten sich offensichtlich im sozialen Bereich ausgedrückt.

Empfehlenswert ist es vor allem auch, den andern zu beobachten, wie er sich in seinem sozialen Umfeld verhält. Wie reagiert er beispielsweise auf Schwächen von anderen Menschen? Wie verhält er sich, wenn man ihn provoziert oder ungerecht behandelt, lobt, kritisiert oder auch übersieht?

Es ist etwas Wahres daran, wenn man hinsichtlich der Partnerwahl manchmal empfiehlt: schau dir an, wie er sich seiner Mutter gegenüber verhält, oder sie mit ihrem Vater umgeht. Männer neigen dazu, mit ihren Frauen jene Umgangsformen anzunehmen, die sie im Umgang mit ihrer Mutter anwenden; und Frauen neigen dazu, mit ihrem Ehemann so umzugehen, wie sie es mit ihrem Vater tun oder getan haben. Und wie könnte ich sie mir als Mutter unserer Kinder vorstellen?

Hiermit sind oft auch soziale Erwartungen verbunden. Hat beispielsweise Ihre Freundin die Sicht von einem warmen, gemütlichen Heim? Oder visiert sie eine berufliche Karriere an, die ihr kaum Zeit für die Familie lässt (oder gar Kinder)? Oder schwebt ihr eine Familie mit 10 Kindern vor, Sie selbst aber möchten gar keine Kinder, weil sie meinen, Ihre Frau soll voll arbeiten, damit Sie zusammen mit ihr einen bestimmten Luxusstandard, ein gewisses "soziales Level" halten können?

Diese Vorstellungen, Meinungen und Erwartungen müssen unbedingt zur Sprache kommen. Dadurch wird oft nur allzu deutlich, ob die andere Person überhaupt als Ehepartner in Frage kommt oder nicht.

Aber auch hier nochmals: es geht nicht um Perfektion. Es geht um die Gesinnung, die Herzenshaltung, den Weg, den ich einschlagen möchte.

Wachsendes persönliches Kennenlernen

Um etwas prüfen zu können, muss man die Sache auch wirklich *kennen*. Wer sich Hals über Kopf verliebt und eine Partnerschaft eingeht, wird nicht wirklich prüfen können, weil er noch keine Zeit zum Kennenlernen hatte.

Viele Partnerschaften werden der Möglichkeit des persönlichen Kennenlernens beraubt, gerade weil man vor allem gemeinsame sexuelle Erfahrungen sucht. Doch dann wird die Zeit für ein seelisches Kennenlernen fehlen. Die Wellen der Erotik schlagen hoch über die anderen Bereiche, die sich dadurch nicht entfalten können. Flacht in der Ehe dann diese Welle ab, kommt das böse Erwachen: “So habe ich ihn (sie) ja noch gar nicht kennengelernt...”
Richtiges Kennenlernen geschieht somit durch Gespräch, Gedankenaustausch, durch gemeinsames Arbeiten, z.B. in einem christlichen Dienst, im achtungsvollen Umgang miteinander, im gemeinsamen Überwinden von Versuchung, von Problemen, von Hindernissen, im gemeinsamen Erleben von Freud und Leid, von Spaß und Traurigkeit, von Erfolg und Niederlage.

Nehmen Sie sich Zeit, bewegen Sie die einzelnen biblischen Prinzipien im Gebet vor Gott, und bitten Sie Ihn um einen objektiven, realistischen Blick.

Was man fürs bessere gegenseitige Kennenlernen im Hinblick auf eine Ehe besonders empfehlen kann: Lesen Sie miteinander ein offenes, christliches Ehebuch und sprechen Sie darüber. Hier gibt es nicht nur aufschlussreichen Gesprächsstoff (und für jeden etwas zum Lernen, das ihm für die Zukunft zugute kommt), sondern es werden dabei auch die inneren Überzeugungen, Meinungen und Geisteshaltungen der Partner klar.

Eine ähnlich positive Frucht kann ein gutes christliches Eheseminar hervorbringen, das Sie miteinander besuchen.

Oftmals wird der Gedanke bewegt, inwiefern ein Kennenlernen über eine größere Entfernung hinweg möglich und sinnvoll ist. Lässt man sich die notwendige Zeit, stellt eine große räumliche Entfernung nicht unbedingt ein Hindernis dar. Gerade der tiefe Gedankenaustausch durch Briefe eröffnet weite Horizonte beim Sich-Kennenlernen. Am besten jedoch lassen wir zwei Paare berichten, die sich durch den Christlichen Partnerschafts-Dienst (cpd) kennengelernt hatten, jedoch weit voneinander entfernt wohnten:

"Zuerst dachte ich: nein! Berlin-Bern, diese Entfernung ist doch eine zu große Distanz; und außerdem bin ich weder motorisiert noch (aufgrund meiner leitenden beruflichen Stellung) leicht abkömmlich... doch - so musste ich mir von einem guten Freund sagen lassen - könnte ich durch meine Distanz-Abneigung nicht Gottes Weg einengen? Heute darf ich dankbar als Zeugnis folgende Erfahrung mitteilen:
Wir trafen uns anfangs (wegen der Entfernung) nur ein einziges Mal persönlich. Es gab weder große Gefühle noch besondere "Anziehungskräfte". Doch konnten wir einen guten geistlichen Gleichklang feststellen.
Ein halbes Jahr lang schrieben wir uns nur und telefonierten einige wenige Male miteinander. Durch diesen Austausch per Brief kamen wir uns geistlich-seelisch in nie erwarteter Weise näher. Wesentliches, was wirklich wichtig ist bei einem Menschen - das lernten wir so aneinander kennen!
Schließlich - ca. sieben Monate nach unserem ersten Kennenlernen - trafen wir uns anlässlich eines Seminars wieder. Es war, als kannten wir uns schon jahrelang! Während meines Urlaubs, den ich dann in der Nähe meiner - inzwischen sehr nahestehenden - Freundin verbrachte, konnten wir schöne gemeinsame Stunden erleben und auch unsere Verlobung planen. Wir kannten uns nun mit Sicherheit besser als Paare, die sich über ein halbes Jahr z.B. an jedem

Wochenende sahen (und deren Begegnungen oftmals durch mancherlei Anfechtungen litten und - seelisch gesehen - an der Oberfläche blieben)!
Die große Distanz brachte uns einen Segen, den wir nicht missen möchten. Ich bin sehr froh, dass ich mich damals nicht durch die Entfernung abhalten ließ..." (Kurt K.)

Und Karl und Viola Brunner schrieben: "*...nebenbei stellten wir fest, dass die Entfernung gut war, da jeder nun wirklich prüfen musste, ob er sich eine Ehe mit dem anderen vorstellen konnte, auch wenn die Gefühle nicht immer im Hoch lagen, oder durch Missverständnisse per Telefon oder Brief der andere nicht als Supermann oder -frau erschien; Schwächen wurden gesehen und besprochen. Für uns beide war es zugleich ein dauerndes Verbundensein mit Gott. Was war nun Liebe? Karl war schon nach drei Monaten sicher, dass Gott uns zusammengestellt hatte. Viola wusste es erst zwei Monate später. So besuchten wir ein Seminar für Verlobte, bewältigten zusammen noch manche Schwierigkeiten und feierten am 30. August unser Versprechen..."*

Hinweis:
Interessante Berichte, Interviews und persönliche Erfahrungen von Paaren (mit Fotos), die sich – wie die beiden obigen Paare – duch den Christlichen Partnerschafts-Dienst gefunden haben, finden Sie in der 32seitigen Farbbroschüre "Gezielte Partnersuche", die Sie völlig kostenlos und unverbindlich anfordern können beim:
cpd, Glockwiesenstr. 5, D-75217 Birkenfeld. eMail: **info@cpdienst.de**;
Homepage: **www.cpdienst.de**

Entwicklungsstufen einer Beziehung

Was vor der Eheschließung wächst, gedeiht in der späteren Ehe fort. Deshalb reden wir nun von Beziehungs-Stufen, von Freundschafts-Levels oder Kennenlern-Phasen, die in eine glückliche, dauerhafte Ehebeziehung münden sollen – um dort dann beständig und zufriedenstellend weiter zu reifen.

Es ist doch nicht (mehr) das Ziel einer Ehe, dass wir einfach "versorgt" sind, sondern wir wollen eine Partnerschaft erleben, in der gemeinsame Harmonie, Verständnis, Achtung voreinander und Freude miteinander wachsen, je länger die Beziehung dauert. Dieses Glück wird nicht von Frau Holle aus den Wolken geschüttelt. Wir dürfen auch nicht darauf warten, dass diese Segnungen nach der Eheschließung wie Sterntaler aus dem Himmel fallen. Grundsätzlich ist es die Gnade Gottes, die uns ein beglückendes und zufriedenstellendes Eheleben bis ins Alter erfahren lässt. Doch diese Gnade (wörtlich: "unverdiente Liebe"), will uns selbst auch umgestalten, prägen, sie "nimmt uns in Zucht" steht im Titutsbrief 2,11.

Die Grundlage dafür legen wir bereits mit den Beziehungs-Stufen, die wir in einer Freundschaft durchlaufen. Ziel ist es nun, diese Stufen näher zu betrachten, um daraus praktische Hilfen für die Gestaltung einer Beziehung zu erhalten. Gleichzeitig entdecken wir Hindernisse und Stolpersteine, an denen eine Beziehung scheitern kann – obwohl das gar nicht hätte sein müssen. "Wie konnte es nur dazu kommen..." ist eine der am häufigsten gestellten verzweifelten Fragen nachdem eine Beziehung in die Brüche gegangen ist – vor und nach der Eheschließung. Wenn wir entdecken, wie man zerstörerische Beziehungs-Mauern überwindet, können wir viel zielgerichteter und erfolgreicher auf eine verbindliche Partnerschaft zugehen. Außerdem wird uns das aufmerksame

Wahrnehmen der Beziehungs-Stufen deutlich bei unserer Entscheidungsfindung helfen und uns letztlich die Frage beantworten: “Ist diese Person der geeignete Partner für mich?”

Stufe 1:
Die Ebene der Anziehungskräfte

Stufe 2:
Die Ebene zwischen Sehnsucht und Zweifel

Stufe 3:
Die Ebene der Verbindlichkeit

Die Ebene der Anziehungskräfte (Stufe 1)

In diesem Buch wurde bereits die Bedeutung von Verliebtheitsgefühlen untersucht. Es wurde auch aufgezeigt, wie manigfaltig die Ursachen sein können, die unsere Gefühle in Wallung bringen. Wie dem auch sei: Wir interessieren uns für einen anderen Menschen als möglichen Partner und fühlen uns von ihm angezogen. Dies kann rein äußerlich oder durch sein Wesen, die Art und Weise seines Verhaltens zustande kommen. Es können auch seine Gedanken, Ideen, Zielvorstellungen sein, die unser Interesse wecken. Eine sympathische Austrahlung kann uns genauso in den Sog von Anziehungskräften hineinnehmen wie ein vorbildlich praktiziertes Glaubensleben.

Obwohl wir beide Deutsche sind, lernten wir uns auf einer Missionsschule in der Schweiz kennen. Das Äußere des andern hatte uns nicht sonderlich angezogen, doch im Laufe der Studienzeit waren wir immer stärker von der Art und Weise des andern fasziniert. Iris vor allem vom fröhlichen Wesen und der initiativen Art ihres Gegenübers, und Walter vor allem von den tiefgehenden Blicken aus Iris´ braunen Augen und ihrer zielstrebigen, selbstbewussten Art. Erst beim tieferen Kennenlernen entdeckten wir viel wichtigere Gemeinsamkeiten und Überzeugungen, die uns auf eine verbindliche Partnerschaft zugehen ließen.

Diese Ebene der Anziehungskräfte kommt aber nicht nur bei einer persönlichen Begegnung zum Tragen, sondern bereits durch Telefonate, oder durch den Gedankenaustausch mittels Brief und Internet (Chatten oder eMails).

Ziel in dieser Stufe ist es, dass sich zwei Menschen einer *ganzheitlichen* Anziehung bewusst werden können. Die alleinige physische Anziehung reicht nicht aus. Sie kann nicht tragendes Element einer Beziehung sein. Ohne zusätzlich auch emotionelle und geistliche Anziehung zu erfahren, würde sie sich bald in Luft auflösen. Leider das traurige Los so mancher Partnerschaften. Von Stufe 1, die besonders von einer erotischen Anziehungskraft geprägt war, begab man sich sofort auf die Stufe der Verbindlichkeit. Die andere Ebene wurde übersprungen. Dies hatte zur Folge, dass sich die physische Anziehung bald verflüchtigte und die Partnerschaft im wahrsten Sinne des Wortes "grund-los" wurde und scheiterte.

Wir erinnern uns noch gut an Evelyn, ein junges sympathisches Mädchen, das sich in ihrer katholischen Jugendgruppe vorbildlich für andere einsetzte, sozial aktiv war, in der Bibel las, um Gott besser kennen zu lernen und sich auf einem sehr guten, innerlich erfüllenden Weg befand. Sie befreundete sich mit einem jungen Assistenzarzt, der sie stark anzog. Wie Evelyn war auch er ein sportlich aktiver und attraktiver Mensch, lebenslustig und immer für einen guten Scherz zu haben. Die Zeit der Verliebtheit und des ersten Kennenlernens mündete jedoch schnell in eine verbindliche Partnerschaft: sie zogen in eine gemeinsame Wohnung, lebten wie ein Ehepaar zusammen und fanden erst jetzt heraus, dass ihre eigentlichen Lebenziele, ihre innere Überzeugungen und Anschauungen völlig verschieden waren. Auch bemerkte Evelyn plötzlich

Eigenarten und Eigenschaften, mit denen sie einfach nicht zurecht kam und sich nicht vorstellen konnte, auf Dauer damit umgehen zu können. Die Beziehung zerbrach und hinterlies schmerzhafte Wunden.

Ein wesentlicher Aspekt dieser Ebene ist die Gegebenheit, dass wir in unserem Leben öfters auf dieser Stufe stehen können – ohne dass dadurch der andere auch gleich der geeignete Partner sein muss! Beidseitige Anziehungskraft bedeutet nämlich nicht, dass wir auch als Ehepartner füreinander geeignet sind.

Diese Tatsache muss deshalb stark beachtet werden, damit wir in dieser Kennenlernphase eine Beziehung auch in positiver Weise beenden können. Überspringen wir die nächsten Stufen, und "gehen zu weit", ist dies nicht mehr möglich. Verletzungen und Wunden bleiben zurück. Das müsste nicht sein. Wir sollten diese Stufe 1 einfach als Ebene der Anziehungskräfte werten und deshalb auch eine vernünftige Zurückhaltung bewahren. Dann nämlich könnten wir nach einer gewissen Zeit des Kennenlernens, eine Beziehung auch wieder ohne Zwang, ohne Schuldgefühle und ohne zerstörerische Aspekte beenden. Ohne destruktive Folgen könnten wir die Verbindung mit der Erkenntnis beenden: Wir fühlten uns stark angezogen, erwiderten dies, verliebten uns sogar bis über beide Ohren; aber es war nicht der geeignete Partner.

Sie sollten die Ebene der Anziehungskräfte (mit den entsprechenden Gefühlen) nicht bereits als Verpflichtung für eine verbindliche Partnerschaft ansehen! Starker Erwartungsdruck raubt echter Liebe die Basis. Deshalb sollten Sie die Ebene 1 als solche leben, was sie ist: ein Kennenlernen, ein Sich Bewußtmachen der gegenseitigen Anziehung und Raum zur Entscheidungsfindung für weitere Schritte: entweder Beendigung oder Weiterentwicklung zur Stufe 2.
Auf dieser Stufe 1 gibt es verschiedene Stolpersteine, von denen wir zwei nennen möchten:

Perfektionistische Erwartungen

Beim cpd (Christlicher Partnerschafts-Dienst), den wir gemeinsam leiten, fiel bei einem männlichen Teilnehmer auf, dass er bereits außergewöhnlich viele Kontaktaufnahmen hatte und “alle nicht passten”. In einem persönlichen Gespräch mit “Bert” (natürlich heißt er nicht wirklich so – Diskretion muss hier 100% sein!) während eines Seminars schilderte er dann seine Not. Bert war in einem gesellschaftlich hochstehenden Elternhaus aufgewachsen, besaß gute Manieren und war alles andere als ein “ober-flächlicher Luftikuss”, der abwechslungsreiche Frauen-bekanntschaften genoss. Nein, es hatte ihn immer wieder schlaflose Nächte, größte Schuldgefühle und viel Energie gekostet, ein auch nur kurzes Kennenlernen wieder zu beenden. Der springende Punkt wurde offenbar, als Bert seine Vorstellungen von einer Partnerin schilderte. Dabei waren ihm die bisherigen Bekanntschaften sehr “hilfreich”, denn er konnte von jeder Frau auch ein paar gute Aspekte erwähnen, die ihn besonders angezogen und angesprochen hätten. Ja, und all diese Eigenschaften würde er bei seiner künftigen Ehefrau erwarten. Aber diese bestimmte Dame hätte... nun ja, und dann kamen eben auch sehr viele “Normalitäten”, Begrenzungen, Schwächen. Letztlich zeichnete Bert das Bild einer perfekten Frau, die all die positiven Eigenschaften und ansprechenden Aspekte, die Bert in bisherigen Begegnungen erlebt hatte, in einer Person vereinigte. Und diese Person hatte er noch nicht getroffen. Wir mussten ihm sagen: die wirst du auch nie treffen! Denn sie gibt es nicht! Obwohl unserer Behauptung “den perfekten Partner gibt es nicht!” theoretisch sicherlich fast alle Leser zustimmen würden, suchen viele von uns doch danach!

Statt dass man sich die Frage stellt: könnte ich mit dieser Schwäche gut umgehen, mit dieser nicht so ansprechenden Eigenschaft leben, lässt man sich vom inneren Idealbild diktieren: “Nein, ich möchte keinen Mann mit Bart” (mit dieser Begründung – und wir plaudern hier etwas “aus der Schule” – haben schon zahlreiche Damen den Kontakt mit sehr sympathischen und niveauvollen Herren abgelehnt.) Hier werden doch offensichtlich die Prioritäten sträflich vertauscht.

Abgesehen davon: in unserer Ehe trägt beispielsweise der Mann deshalb einen Bart, weil dies der Wunsch der Frau war. Und Liebe möchte eben dem andern gerne seine Wünsche erfüllen. Wenn ein Liebender irgendwann entdecken würde, dass seine Geliebte keinen Bart möchte, dann wäre der Griff nach dem Rasierapparat sicherlich kein großes Liebes-Problem; finden Sie nicht auch?!

Verschiedene Bedürfnisse

Leben Singles diese Ebene der Anziehungskräfte bewusst, können sie bereits wertvolle Eigenschaften der Bedürfnis-Erforschung (vergl. Kapitel "das Wesen der Liebe") entwickeln. Denn hier werden sie zum ersten Mal zutiefst und persönlich mit den verschiedenartigen Erwartungen und Bedürfnissen von Mann und Frau konfrontiert.

Auch wenn es von manchen Zeitgenossen als altes, verstaubtes Rollenverhältnis angesehen wird, bewährt sich in der Praxis doch das göttliche Prinzip im Epheserbrief 5,25. Und hoch aktuell ist dabei auch die absolut treffsichere Diagnose der Bedürfnisse von Mann und Frau: "Ihr Männer, liebt eure Frau gleichwie Christus die Gemeinde geliebt und sich selbst für sie hingegeben hat."

Hier wird der Mann als Person dargestellt, dessen Bedürfnis es ist, seine Frau aktiv zu lieben, sie zufriedenzustellen. Wenn ein Mann erlebt, wie erfolgreich sein aktives Lieben ist, wie sich seine Frau wohl fühlt und seine Liebe genießen kann, dann tut ihm dies bis in die Tiefen seiner Seele gut und macht ihn glücklich. Nichts ist schöner und ermutigender für einen Mann, als wenn er erlebt, wie er seine Frau glücklich machen kann.

Die Frau wird als die Geliebte, die Empfangende vor Augen gemalt. Und – auch wenn dies für manche provokativ klingt – sie darf und soll das auch sein! Wenn eine Frau erlebt, dass ihr Mann Interesse an ihr hat, wenn sie merkt, dass sie begehrt wird und der Mann versucht, aktiv auf ihre Bedürfnisse einzugehen, dann möchte sie zutiefst glücklich und befriedigt ihre ganze Liebe und Freude an ihren Mann zurückgeben.

Was passiert, wenn diese Prinzipien vertauscht werden?

Manche Frauen gehen fälschlicherweise davon aus, dass ihre Bedürfnisse dieselben sind wie die ihres Mannes. Da sie gern umsorgt wird, versucht sie nun, besonders aktiv den Mann zu umsorgen, besonders zuvorkommend zu sein. Sie hält ihm die Tür auf, hilft ihm in den Mantel... einen Mann wird dies normalerweise nicht beglücken. Ganz im Gegenteil. Sogar wenn er ihr die Autotür aufhält und sie einsteigt, sich hinüberbeugt, um auch ihm die Wagentür von innen zu öffnen (während er auf die andere Seite des Autos geht), ist dies nicht unbedingt das, was ein Mann wirklich schätzt. Warum? Er bekommt den Eindruck, dass er schwächlich sei, nicht fähig, seine männlichen Aufgaben zu erfüllen. So kann es beispielsweise einer Frau gefallen, wenn ihr der Mann beim Kochen zusieht und gutgemeinte Bemerkungen macht (außer er ist selbst Koch!), dagegen würde sich ein Mann bevormundet und unwohl fühlen, wenn ihm seine Frau beim Kochen (auch wenn dies gar nicht so perfekt ist) über die Schultern schauen und Anweisungen geben würde.

Frauen finden nichts Schlimmes dabei, wenn sie mit Freundinnen allen möglichen Gesprächsstoff austauschen und sich sämtliche Unglücksfälle der vergangenen Woche erzählen. Ein Mann würde dies eher als Gejammer einstufen mit der kritischen Frage, ob er denn im Versuch, seine Frau zufrieden zu stellen, total versagt hätte, wenn sie derart herumjammert?!

So missverstehen sich Mann und Frau oft beim ersten Kennenlernen. Sie stellt ihm eine höfliche Frage, und er meint, sie bittet um eine Lösung ihres Problems. Er referiert dann über Lösungsmöglichkeiten, möchte sie beeindrucken – während sie innerlich abschaltet und all dies eher als abstoßend empfindet. Ganz anders würde sie reagieren, wenn der Mann ihr ungeteilte Aufmerksamkeit schenkt, Interesse zeigt, Fragen stellt. Schon solch zielgerichtetes Interesse an ihren Gedanken, Gefühlen und Meinungen wirkt auf die Frau sehr anziehend.

So soll auch eine Frau dem Mann die Distanz gewähren, die er für sein Werben braucht. Meint sie, sie dürfe sich nicht beschenken und umwerben lassen, reagiert mit noch größerer Rücksichtnahme, aktiven Liebestaten, möchte sich für jedes Geschenk der Zuneigung und jegliche männliche Investition an Aufmerksamkeit und Opferbereitschaft gleich revanchieren, dann wird das die Anziehungskraft auf den Mann eher schwächen als stärken.

Die erwähnten Worte aus dem Epheserbrief verdeutlichen die tiefe Weisheit in einer Beziehung. Ein gesunder zwischenmenschlicher Reiz, eine schöne Spannung beim Kennenlernen, ein Wachstum in einer freundschaftlichen Beziehung wurde schon oft dadurch erstickt, dass die Frau meinte, in erster Linie die Gebende und der Mann der Empfangende sein zu müssen. Beiden wurde es vielleicht gar nicht bewusst, dass dies der Grund war, warum ihre Beziehung an Attraktivität verlor und warum beide zutiefst unzufrieden und immer unglücklicher wurden.

Die Ebene zwischen Sehnsucht und Zweifel (Stufe 2)

Beim Kennenlernen stellt man reifende Harmonie fest. Die Sehnsucht, mit dem anderen immer verbindlicher zusammen zu sein, wächst. Dann stellen sich Zweifel ein. Für viele leider ein "Zeichen", dass der andere doch nicht ein geeigneter Partner sein kann. Doch das stimmt nicht. Diese Stufe ist im Gegenteil notwendig, um durch sie dann zur dritten Ebene zu kommen.

Nun endet nämlich auch ein wichtiger Wachstumsabschnitt: die Phantasievorstellungen von meinem Partner, die inneren Bilder und die verschiedenen Auslöser von Verliebtheitsgefühlen oder rein physischer Anziehung treten zurück und machen einem wirklichen Menschen Platz. Dem Menschen, den ich nun immer besser kennen gelernt habe. Jetzt stellt sich immer mehr die Frage, ob ich mit diesem Menschen alt werden möchte, vielleicht 50 und noch mehr Jahre zusammen sein, diesen Menschen glücklich machen will und kann.

An diese Stelle gehört wohl der bekannte Ausspruch: "Verliebtheit ist, wenn man zusammen sein will, obwohl man den anderen noch nicht kennt. Liebe ist, wenn man zusammen sein will, obwohl man den andern kennt."

Auf dieser Stufe muss man sich dazu entscheiden, der Beziehung eine reele Chance zu geben. Das bedeutet noch keine Verlobung. Aber es bedeutet, dass ich mich allein und ausschließlich auf diesen speziellen Partner konzentriere. Verabredungen mit anderen "potentiellen" Partnern würden auf dieser Ebene die Beziehung erheblich hindern und zum Scheitern bringen.

Fehlende Ausschließlichkeit

Genau darin liegt auch ein besonderer Stolperstein verborgen: Wenn Zweifel und Unsicherheit auftauchen, meint man vielleicht, man solle sich doch lieber gleichzeitig nach "etwas Besserem" umsehen. Mit einem anderen Menschen "Ebene 1" zu pflegen würde aber unweigerlich das emotionale Aus der "Stufe 2" mit dem momentanen Partner bedeuten. Auch wenn man dies nicht sofort merkt. Doch das Scheitern der Beziehung resultierte hier nicht aus persönlichen Differenzen, sondern war das Ergebnis der "Kirschen in Nachbars Garten", nach denen man sich auf Stufe 2 leider ausgestreckt hatte, statt sich ausschließlich für das Wachstum der aktuellen Beziehung zu entscheiden.

Vielleicht hatte man auf Stufe 1 aber auch "mehrere Eisen im Feuer". Auf der Ebene 2 müssen diese "herausgenommen" werden. Jetzt kann nur "ein einziges Eisen" geschmiedet werden – oder es erkaltet automatisch.

Falsches Drängen

Einen weiteren Stolperstein stellt das Drängen dar. Wenn eine Frau die Zweifel ihres Freundes bemerkt, kann sie der Versuchung unterliegen, ihn zur nächsten Stufe zu drängen. Und zwar indem sie versucht, ihm "alles" zu geben – Hauptsache, er "bleibt bei der Stange".

Je mehr sie sich aber hingibt, desto wertloser wirkt sie auf den Mann und seine Zweifel werden bestärkt. Er zieht sich um so mehr zurück, worauf ihn die Frau noch mehr drängt und ihm seinen Rückzug vorwirft. Sie fühlt sich dadurch schließlich gekränkt und verletzt. Bittere Tränen sind die Folge, und der Mann kommt zur Überzeugung, dass er diese Frau sowieso nicht glücklich machen kann. Man sieht es ihr ja an. Also ist es besser, die Beziehung gänzlich zu beenden...

Ebenso meint der Mann oft, ein Ausweg sei die sexuelle Intimität. Er nimmt fälschlicherweise an, dass die Beziehung deshalb schlechter wird, weil man sexuell noch nicht miteinander kommuniziert hat. Und so kommt es zu einem Drängen in die sexuelle Intimität ohne die Stufe der Verbindlichkeit. Würde hier die Frau (oder auch der Mann) ein klares Nein aussprechen und sich den verschiedenen Erwartungen und Bedürfnissen beider Individuen widmen, darüber reden, voneinander lernen, einander zuhören und erforschen, dann würden sie erleben, wie das sexuelle Verlangen zu einem ganzheitlichen Verlangen wird, den andern zutiefst glücklich zu machen. Dieses ganzheitliche Erlebnis kann aber nur auf der Ebene der Verbindlichkeit stattfinden.

Wird man zu früh sexuell intim, entsteht daraus oft ein emotionales Mangelgefühl. Man spürt eine Art Unvollständigkeit, etwas fehlt – war das alles?! Beim Mann führt es manchmal dazu, dass er oberflächlicher und die seelische Distanz noch größer wird, bis er sogar das Gefühl bekommt, er brauche eine andere Beziehung, die ihn mehr erfüllt. Die seelische Distanz wird bei ihm so groß, dass er gar nicht mehr zur seelischen Nähe und zur ausschließlichen Beziehung zurückfindet. Eine Frau reagiert dagegen manchmal mit einem Bedürfnis nach Mehr. Dies bringt sie dann vielleicht derart nachhaltig in ihrem Verhalten zum Ausdruck, dass es den Mann sogar abstößt. Statt mehr Harmonie, Nähe und Zutrauen zu erfahren, erlebt das Paar durch zu frühe sexuelle Intimität das genaue Gegenteil, nämlich Missverstehen, Unzufriedenheit, Frust.

Die Ebene der Verbindlichkeit (Stufe 3)

Diese Stufe steht auf der Grundlage eines eindeutigen inneren Ja, das sich beide füreinander gegeben haben (auch wenn dieses Ja noch nicht öffentlich ist, z.B. wie bei einer öffentlichen Verlobung). Auch diese Ebene ist wichtig und wertvoll, weil sie als Vorbereitung für den Endabschnitt dieser Stufe dient: der Eheschließung. Mit "Endabschnitt" meinen wir selbstverständlich nicht, dass hier die Beziehung bei "einem glücklichen Ende" angekommen ist. Nein, dann beginnt ja erst die wunderbare Abenteuerreise der Liebe miteinander. Aber die Hochzeit ist der Endpunkt unserer Beziehungs-Stufen der Partnerwahl.

Das innere Ja muss die Folge einer freiwilligen Entscheidung sein. Irgendwann während meiner oder seiner Zweifel (Stufe 2), nach Gebet und Prüfung verschiedener göttlicher Kriterien, dringe ich zur freien Entscheidung durch und sage "Ja". Jetzt folgt eine Zeit völlig offener Herzen, in der man den anderen wiederum unter ganz verschiedenen Aspekten kennen- und liebenlernt.

Missverständnisse

Die Stolpersteine sind entsprechend. Da gibt es vielleicht bei der Frau ein Auf und Ab der Emotionen, der Mann interpretiert dies falsch, und fühlt sich zurückgewiesen. Oder er meint die Frau macht ihm Vorwürfe, nur weil sie ihm ihr momentanes Gefühlstief schildert. Hier kann der Mann weiter hinein tauchen in die grenzenlosen emotionalen Welten der weiblichen Spezies. Hier kann er lernen, wie wichtig es nun für die Frau ist, gerade in solchen gefühlsschwankenden Zeiten eine Unterstützung durch den Mann zu haben, sich akzeptiert und geliebt zu wissen, auch wenn es ihr gerade nicht so gut geht.

Ein Mann muss auch in der späteren Ehe "am Ball bleiben", um eine glückliche Beziehung erleben zu können. Er wird der aktiv Liebende bleiben, der – wie die Frau auch – "lieben lernen" muss und darf. Oftmals wirbt ein Mann um die Frau mit kreativer Fantasie und vollem Einsatz – bis er die Ziellinie überschritten und die Ebene der Verbindlichkeit erreicht hat. Dann bricht er in Siegestaumel aus, weil das Ziel erreicht ist. Dem natürlichen männlichen Egoismus gehorchend lässt er sich immer mehr bedienen, hört selbst auf, kreativ und aktiv zu lieben, wird nachlässig, unzuverlässig und bequem. Dies wiederum erzeugt in der Frau eine tiefe Unzufriedenheit, die verständlicherweise zum Vorschein kommt. Vorwürfe, Anklagen... der Mann wird ebenfalls unzufrieden, denn er fühlt sich als Versager, weiß nicht, wie mit der Situation umzugehen. Die tiefe Befriedigung über den Erfolg, seine Frau glücklich machen zu können, bleibt aus. Das deprimiert ihn und lässt ihn noch passiver werden...

Distanz

Ein weiterer Stolperstein auf dieser Stufe: Wenn sich ein Mann zur Verbindlichkeit entschieden hat, wenn er bereit ist, sein Leben zu teilen, seelische Nähe sucht und erlebt, dann kommt auch immer wieder das Bedürfnis nach Distanz. Etwas, was eine Frau oft überhaupt nicht verstehen kann. Sie steht in Gefahr, dies falsch zu interpretieren. Die meisten Männer aber brauchen Zeiten seelischer Distanz, um wieder enge seelische Nähe leben zu können. Deshalb sollte hier eine Frau den Mann nicht zur seelischen Intimität drängen. Dies würde sein Bedürfnis nach Autonomie und Distanz nur noch verstärken und dazu auch noch den Eindruck vermitteln, die Frau nimmt ihn in seiner existentiellen Eigenart nicht an, macht ihm nur Vorwürfe und lehnt ihn ab. Der Mann wird sicher gerne wieder näher kommen, wenn er merkt, dass sein zeitweiliges Bedürfnis nach Distanz von der Frau akzeptiert wird.

Wirkungsvolle Vorbereitung

Lesen Sie auf Stufe 3 auch gemeinsam ein gutes Ehebuch, ein Ehevorbereitungsbuch mit Fragebögen und Gesprächsanregungen. Auch Eheseminare oder Partnerschaftstagungen können sehr wertvoll sein. (Aktuelle Hinweise dazu erhalten Sie über die Homepage: www.friends-magazin.de)

Vor allem: lernen Sie jetzt schon, worauf es beim Eheleben ankommt: lieben zu lernen in seinen ganzen Ausmaßen wie vergeben, verstehen, kommunizieren, gemeinsam beten, trauern oder sich freuen.

Dann wird diese Ehevorbereitungs-Phase für das Paar ein großartiger Gewinn sein, der sie ein ganzes Eheleben hindurch als positive Erinnerung begleitet. Je besser man sich auf eine Ehe vorbereitet hat, desto schöner, harmonischer und glücklicher wird man sie beginnen können.

Wie erkenne ich den Willen Gottes?

“Nicht ohne Gottes Führung” lautet unser Buchtitel. Ein Christ möchte bei seiner Partnerwahl verständlicherweise mit dem Willen Gottes übereinstimmen, sich von Gott führen und leiten lassen.

Wie offenbart mir Gott aber seinen Willen? Könnte er mir seinen Willen nicht durch einen Traum, einen Propheten oder eine Vision kundtun, damit ich ganz klar weiß: ja, das ist mein künftiger Ehepartner, den Gott für mich “ausgesucht” hat? Wie wir schon miteinander besprochen haben, respektiert Gott seine eigenen Liebes-Prinzipien, was eine “Vorherbestimmung” ohne Wenn und Aber grundsätzlich ausschließt. Bei der Partnerwahl geht es um eine Liebes-Beziehung und Liebe beinhaltet immer die Möglichkeit einer freien Entscheidung, beinhaltet stets Freiheit, weil “manipulierte Marionetten” keine echte Liebesbeziehung aufbauen können.

Vereinfacht und grundsätzlich könnte man die Führung Gottes wie folgt darstellen: Gott führt uns innerhalb seiner Grenzen. Doch innerhalb dieser Grenzen sollen wir frei entscheiden, damit eine Liebes-Beziehung wirklich möglich ist.

Gott offenbart uns seinen Willen zuerst durch sein Wort (die Bibel). Wer die göttlichen Prinzipien bezüglich Partnerwahl beachtet, der bringt dadurch Gott gegenüber zum Ausdruck, dass er seinen Willen beachten möchte. Wer die Wegweisungen göttlicher Prinzipien dagegen missachtet, der bringt dadurch zum Ausdruck, dass er an einer Führung durch Gott nicht interessiert ist.

Ein Christ sollte daher Gott um Weisheit bitten (dies wird im ersten Jakobusbrief, Kap. 1 angeregt), um die göttlichen Weisungen für seine persönliche Situation anwenden zu können. Gott schenkt dem Bittenden gerne Weisheit. Weisheit bedeutet praktisch, dass ich meine Gegebenheiten mit den Augen Gottes sehen darf, dass ich gottgemäße Antworten auf meine Fragen finde.

Auf dieser Grundlage der göttlichen und biblischen Prinzipien, die wir in den vorangegangenen Kapiteln ausführlich miteinander bewegt haben, soll ein Christ dann um die Führung Gottes bitten.

Wenn wir den Text der Brautwerbung Isaaks um Rebekka in Genesis 24 lesen, dann fällt uns - außer den biblischen Prinzipien wie z.B. "eine gläubige Frau..." - ein Aspekt noch besonders auf: Die gesamte Partnersuche war eingebettet in Gebet: in Fürbitte, Danksagung und Anbetung!

Dies ist ein äußerst wichtiger Sachverhalt: Bei allem, was wir selbst zu prüfen und zu tun haben, ist es entscheidend, dass wir es in der Abhängigkeit von Gott tun. Im Gebet mit ihm verbunden zu sein, bedeutet ja, sich bewusst in seine Abhängigkeit zu begeben, heißt, *nicht* selbst Schmied des eigenen Glücks sein zu wollen.

Beten Sie also bereits jetzt für Ihren zukünftigen Ehepartner. Wenn Sie jemanden kennenlernen, beten Sie, damit Ihnen Gott eine klare Sicht schenken kann und Sie gemäß den göttlichen Prinzipien prüfen können.

Danken Sie Ihm auch dafür, wenn er Ihnen durch Sein Wort zeigt, dass dieser Partner nicht in Frage kommen kann, und seien sie konsequent!

Wenn Sie Gott vertrauen, wenn Sie wirklich glauben, dass er es gut mit Ihnen meint, dann werden Sie - gerade auch in diesem Bereich – Gottes Anweisungen Folge leisten. Und wenn Sie dann eine liebe Frau oder einen lieben Mann gefunden haben - dann beugen Sie Ihre Knie und beten Sie Gott auch dafür an und danken Sie ihm - es ist ein unverdientes Geschenk wenn jemand zusammen mit einem gleichgesinnten christlichen Ehepartner durchs Leben gehen kann.

Ein weiterer Aspekt ist die Gemeinschaft der Christen. Wir sehen im Neuen Testament öfters, dass Christen den Willen Gottes gemeinsam suchten, sich gegenseitig ermahnten, erbauten und ermutigten. Sprechen Sie also die Fragen Ihrer Partnerwahl auch mit reifen, aufrichtigen Christen durch und lassen Sie sich auch von ihnen raten, ermutigen oder korrigieren.

Hüten Sie sich jedoch davor, von Gott eine "besondere Willensoffenbarung" erzwingen zu wollen. Gott hat in Seinem Wort den Weg vorgegeben: *"Sein Wort"* (also seine göttlichen, biblischen Prinzipien) soll unseres *"Fußes Leuchte sein" (Ps. 119,105).*

Der amerikanische Seelsorger Jay Adams schreibt dazu: "...moment mal", werden Sie einwenden, "was ist aber mit den Bibelstellen, die von der Führung durch den Heiligen Geist sprechen? Ist dort nicht ganz klar von einer Führung die Rede, die unabhängig ist vom Wort der Bibel?"

Tatsache ist, dass in den beiden Stellen, um die es hier geht (Röm. 8,14 und Gal. 5, 18+22), nichts dergleichen gesagt wird.

Keiner der Abschnitte hat etwas mit einem Entscheidungsprozess zu tun. Beide haben, wie sich aus dem vorangehenden Text ergibt, die *Heiligung* im Blick, d.h. den richtigen Weg zu gehen durch die Kraft des Heiligen Geistes. Dieser Weg ist nach Paulus das offenkundige Zeichen für die Rechtfertigung des Christen (Römerbrief) und das wesentliche Kennzeichen eines neuen Verhaltens im Gegensatz zur alten Lebensweise (Galaterbrief). Der Christ wird vom Heiligen Geist dazu "getrieben" (motiviert), die Wege Gottes denen des "Fleisches" vorzuziehen. Diese Texte als maßgebend für persönliche Entscheidungen heranziehen zu wollen, hieße, sie falsch interpretieren.

Selbst wenn es bei diesen Stellen auch nur entfernt um Führung im Entscheidungsprozess gehen würde, wäre damit noch kein endgültiger Beweis für eine Führung außerhalb der Schrift erbracht. Man könnte (und sollte) auch dann noch argumentieren, dass der Heilige Geist durch sein Wort spricht (Hebr. 10, 15ff.).

Soweit Jay Adams. Wie befreiend ist es doch für unser Christenleben, wissen zu können, dass Gott uns klare Richtlinien gegeben hat, dass er uns bezüglich seines Willens nicht im unklaren lässt, sondern uns göttliche Prinzipien und Hinweise gibt.

Diese biblischen Richtlinien führen bei der Frage nach dem Ehepartner bereits zu klaren Entscheidungen: Da ist die hübsche Gabriele, die allerdings völlig unchristliche Lebensziele hat... dort lernt man den seriösen Heiner kennen, der sich aber so um sich selbst dreht, dass es zu keinem wirklichen Gespräch und innerem Austausch kommen kann... und hier ist die nette Roswitha, die zwar aus reiner Pflichterfüllung in den sonntäglichen Gottesdienst geht, sonst aber keine Zeit für irgend jemand anderen als sich selbst hat, und nicht bereit ist, auch nur eine ihrer Liebhabereien (besonders den Hochleistungssport) zurückzustellen.

All diese Leute würden - zumindest zu diesem Zeitpunkt - als Ehepartner für manch einen zielorientiert lebenden Christen ausscheiden.

Die Entscheidung in der Partnerwahl

Angenommen, Sie haben sich Zeit gelassen, geprüft und Gott um Weisheit gebeten. Sie haben bereits Entscheidungen gefällt, und nun stehen Sie vielleicht trotzdem vor mehr als nur einer "Möglichkeit". Was nun?

Wir denken, die folgenden Gedanken von Jay Adams (ohne diese verabsolutieren zu wollen) könnten hier dem betroffenen Leser eine Hilfe sein.

Der Seelsorger beschreibt die Situation eines jungen Mannes (Herbert), der sich der Sympathie zweier Christinnen (Johanna und Brigitte) erfreuen darf, die beide den biblischen Maßstäben entsprechen:

"Wie soll ich denn nun erkennen, welche von ihnen Gott mir als Frau bestimmt hat?" fragt Herbert. Eine solche Denkweise müssen wir entschieden ablehnen. Man kann den Willen Gottes nämlich aus zwei verschiedenen Perspektiven betrachten. Zum einen können wir in einem endgültigen Sinn sagen, dass Gott will (oder bestimmt), dass etwas geschieht (oder so ist). In diesem Sinne (vergl. Eph. 1,11) können wir auch von einer Frau sprechen, die Gott für Herbert "bestimmt" hat. Es gibt und kann letzten Endes nur *eine* für ihn geben.

Aber wir können noch in einem andern Sinn vom Willen Gottes sprechen, und so gesehen ist Herberts Frage unangemessen. Aus dieser zweiten Perspektive können wir den Willen Gottes in seinen Weisungen sehen, formuliert in den biblischen Geboten. Was Gott *bestimmt* hat (weil es durch ihn geschehen wird), deckt sich nicht unbedingt mit dem, was er uns in allgemeinerer Form durch die Bibel *geboten* hat. Diese Anweisungen sind oft viel weniger spezifisch. Deshalb ist es in solchen Fällen falsch, so zu tun, als wusste man bereits, was Gott von Ewigkeit her bestimmt hat, wenn es *noch nicht geschehen ist.* Nachher kann man

jedoch ganz richtig sagen: “Gott hat mir Brigitte und nicht Johanna zur Frau bestimmt. Das weiß ich, weil ich sie geheiratet habe.” Vorher kann man aber nur von Gottes Weisungen sprechen.
Sollte tatsächlich kein biblisches Prinzip einer Ehe mit Brigitte oder Johanna im Wege stehen, darf Herbert also davon ausgehen, dass ihm die Wahl freigestellt ist. Es ist, biblisch gesehen, weder falsch noch richtig, die eine oder die andere von beiden zu heiraten (oder keine von beiden). Gott führt uns nicht immer so weit, dass wir uns nur noch zwischen falsch und richtig entscheiden können. Bei Gott ist die Fülle. Seine Kinder befinden sich deshalb oft in der beneidenswerten Lage, zwischen zwei oder mehreren richtigen Wegen wählen zu können. Deshalb kann Herbert ebensogut Johanna wie Brigitte heiraten. Beide Entscheidungsmöglichkeiten entsprechen dem Willen Gottes, wie ihn uns die Bibel zeigt.
Christen sind oft in Situationen, in denen es nicht um richtig oder falsch geht. Man muss nicht jedesmal die Bibel zu Rate ziehen, wenn es darum geht, ob man einen blauen oder einen braunen Anzug tragen soll (und vielleicht kommt auch noch ein schwarzer oder ein grauer in Frage). Jeder ist innerhalb der biblischen Prinzipien, die unsere Wahlmöglichkeiten begrenzen und bestimmen (wie z.B. Bescheidenheit), gleichermaßen akzeptabel. Nachdem man die Frage grundsätzlich durchdacht hat, kann man innerhalb dieses Rahmens frei wählen.
Deshalb kann Herbert nicht endgültig vom Willen Gottes sprechen, bevor er sich entschieden hat. Er kann nur allgemein sagen: “Ich erkenne, dass Gott will, dass ich ein Mädchen wie Johanna oder Brigitte heirate.”
Es geht nicht um eine Entscheidung zwischen gut und böse, sondern zwischen zwei (oder mehreren) guten Wegen. (Jay Adams in: “Grundlagen biblischer Seelsorge”, Gießen 1983)

Das Ziel im Auge haben:

Sieben Geheimnisse einer glücklichen Beziehung

Modenschau. Hochzeitskleider der letzten fünfzig Jahre werden vorgeführt. Der Showmaster bittet alle jungen Mädchen aufzustehen, die demnächst heiraten möchten. Mehr als 100 erheben sich; das ist etwa ein Viertel aller Anwesenden. Alle strahlen vor Glück. Aber nach letzten statistischen Erhebungen werden mehr als die Hälfte von ihnen nicht verheiratet bleiben, und noch viel weniger werden in ihrer Ehe glücklich sein...

Dafür gibt es viele Gründe; und für eine glückliche Beziehung ebenfalls. Und doch kann man beides – die Scheidung und den Bestand – mit jeweils einem typischen Merkmal kennzeichnen:

a) Viele Menschen sehen sich als Schlussentwicklung intelligenter Tiere. Der Eigennutz ist für viele von ihnen ein bedeutendes Motiv in der Partnerschaft. Wird dieses Ziel nicht erreicht, beendet man die Beziehung. Nach dieser Sicht gibt es nur zwei Partner in einer Ehe; die Frau und den Mann. Es gibt kcin höheres Gesetz als den persönlichen Nutzen.

b) Dagegen wollen Studien belegt haben, dass zum Bestand und Glück einer Ehe insbesondere ein Element beitragen kann: Es sieht statt zwei drei Partner in jeder Ehe vor; die Frau, den Mann und – für viele überraschend – Gott. Dafür gibt es sogar eine Begründung: Gott hat nicht nur die Ehe gestiftet, er will den Eheleuten auch Partner sein und ihnen bei der Lösung ihrer Probleme helfen.
Aus dieser Sicht kann das Wort besser verstanden werden: "Was nun Gott zusammengefügt hat, das soll der Mensch nicht scheiden!" (Matth. 19,6).

Ich empfehle Ihnen, die "sieben Geheimnisse einer glücklichen Beziehung" gründlich und offen mit Ihrer künftigen Partnerin oder Ihrem künftigen Partner durchzusprechen:

1. Die Verantwortung

Jeder der beiden Eheleute ist immer zwei Partnern gegenüber verantwortlich. Einer davon ist der Schöpfer. Für alles, was in den empfindlichen Beziehungen einer Ehe getan oder unterlassen wird, muss ihm gegenüber Rechenschaft abgelegt werden. Er duldet keine Ungerechtigkeit und keine Verletzung des Siegels der Liebe. Sehen wir beide diese Verantwortung – auch vor Gott?

2. Die Individualität

Das überlieferte Jesus-Wort sagt: "Darum wird ein Mann Vater und Mutter verlassen und an seiner Frau hängen..." (Matth. 19,5). In die Unabhängigkeit eines neuen und eigenen Heimes darf niemand eindringen; Vater und Mutter nicht, auch nicht Onkel, Tanten, Nichten oder Neffen – einfach niemand!

Wer diesen Grundsatz beachtet, entzieht vielen Ehen den Boden für Konflikte. Natürlich sind alle herzlich willkommen – aber als Gäste. Und Gäste entscheiden eben nicht, wo die Möbel stehen, wie die Kinder erzogen werden und das Wirtschaftsgeld einzuteilen ist. Jedes Heim hat seine Individualität. Sie ist von jedem zu respektieren, der die Schwelle übertritt. Sind Sie sich darüber einig?

3. Die Einheit

"... und werden die zwei ein Fleisch sein..." (Matth. 19,5). Eine neue Einheit, für die jeder seinen Beitrag leistet. Dabei gibt niemand seine Persönlichkeit auf. Missverstehen wir darum nicht das biblische Wort: "Denn der Mann ist das Haupt der Frau..."(Eph. 5,23). Die Erklärung dazu steht im nächsten Satz: "... wie auch Christus das Haupt der Gemeinde ist."

Vergleichbar mit Arbeitgeber/Arbeitnehmer, Lehrer/Schüler oder Herrscher/Untertan ist das hier nicht. Der Führungsstil in einer Ehe ist ein Stil der Liebe ohne Herrschaft; weder direkt noch indirekt. Es geht darum ein Höchstmass an Wohlbefinden des geliebten Partners aktiv zu wollen. Ist dies auch meine Absicht?

4. Die Intimität

Es sollte ein Prinzip jeder Ehe sein, dass die Ehepartner ihre Identität bewahren und doch eine Einheit werden. Das bringt einen neuen Grundsatz hervor: die Intimität. Unsere Generation ist es gewohnt, offen zu sein. Man sagt, wie man denkt und fühlt. Dennoch besteht kein Zweifel darüber, dass ein Mangel an Intimität die Schönheit der ehelichen Beziehung zerstören kann. Ein heiliger Ring sollte jede Ehe und Familie umgeben. Niemand hat das Recht, in diesen Kreis einzudringen.

Als junge Ehepaare ihre intimen Erfahrungen niederschrieben und diese austauschten, wusste in kurzer Zeit jeder in der Nachbarschaft alles über jeden. Vertrauen war zerstört, es gab kein Geheinmis mehr. Die Erfahrung war deprimierend. Bin ich bereit, diese Intimsphäre zu schützen?

5. Die Liebe

In einer Ehe dreht sich alles um die Liebe. Dennoch gibt es Schwierigkeiten. Gelingt es aber, die "Goldene Regel" anzuwenden, können die meisten Probleme in einer Liebesbeziehung gelöst werden: "Alles nun, was ihr wollt, dass euch die Leute tun sollen, das tut ihnen auch..."(Matth. 7,12).

6. Harmonie

Eine Ehe war zerbrochen. Die Möbel waren aufgeteilt, für die Kinder hatten sie gesorgt. Zuletzt, so wird erzählt, sollte noch einmal der Seelsorger kommen. Er wusste von der gespannten Atmosphäre und vermied jedes Wort, das zu einer neuerlichen Explosion hätte führen können. Sie saßen um den Tisch, zwischen ihnen die Bibel. Daraus las ihnen der

Pfarrer alles vor, was von der Vergebung handelt, wie man sie lehrt und praktiziert. Schliesslich fragte er beide: " Sie wissen jetzt, wie man die Schuld vergibt. Wer von Ihnen fühlt sich noch berechtigt, dem anderen nicht zu vergeben?" Während beide den Blick hoben und sich wieder anschauten, kam langsam die Antwort: "Keiner von uns". Die Ehe wurde nicht geschieden, die Kinder behielten ihr Elternhaus, die Familie blieb bestehen.

Zwei Grundsätze können in kritischen Situationen helfen:

1. Reden und handeln Sie sehr sparsam, wenn Sie ärgerlich sind. Im Zorn ist die Urteilskraft geschwächt. Je mehr man sagst, wenn man sich einen Augenblick nicht unter Kontrolle hat, desto mehr muss man womöglich zurücknehmen, wenn der Zorn verflogen ist.
2. Legen Sie das, was der andere in der Erregung sagt, nicht auf die Goldwaage. Aufgebrachte Menschen erschrecken über sich selbst, wenn sie wieder zur Ruhe gekommen sind. Aussagen im Zorn geben in der Regel nicht wieder, wie ein Mensch wirklich denkt. Augenblicke der Verwirrung sollte man als solche behandeln.

Schon beim freundschaftlichen Kennenlernen ist es wichtig, Missverständnisse und Krisensituationen richtig bewältigen zu lernen. Dieses "Beziehungstraining" wird später zu einem wertvollen Erfahrungsschatz werden.

7. Treue

Dazu passen Worte wie: "wahr", "fest", "redlich", "grundsätzlich". So ist ja auch Liebe viel mehr als ein Gefühl; sie ist ein Grundsatz. Wirkliche Liebe zwischen Mann und Frau wird darum nur in grundsatztreuen Frauen und Männern gefunden werden.

Ein praktischer Hinweis: Wenn ein junger Mann merkt, dass seine Freundin ihre Eltern belügt, sollte er sich vor ihr in Acht nehmen. Ihre Beteuerungen, dass sie ihn niemals belügen würde, stehen auf schwachen Füssen. Wenn die Gelegenheit es erfordert, wird sie auch ihn belügen. Das gilt auch umgekehrt. Ein junger Mann, der am Arbeitsplatz oder in der Schule betrügt, wird auch das Mädchen betrügen, das sich ihm anvertraut.

Menschen, die wahre Liebe suchen, sollten nach einem treuen Partner schauen, der nach Grundsätzen lebt. Solche Liebe des Partners wird echt sein, weil er in seinem inneren Wesen treu ist; ganz gleich, ob er in seinen Gefühlen ein Tief durchlebt oder ein Hoch.

Wachstum braucht Zeit!

Im Leben kann man keine Entwicklungsstufe überspringen. Zuerst muss ein Weizenkorn keimen, dann kommen die Blätter, dann der Halm und schließlich die Ähre. Sie werden es nie erleben, dass einige Körner Wachstumsphasen überspringen und gleich die Ähren hervorbringen. Ihre Beziehung wird sich im Laufe der Zeit verändern, entfalten und wachsen. Erwarten Sie nicht, morgen viel anders zu sein als heute. Vor allem erwarten Sie keine Wunder bei Ihrer Hochzeit! Haben Sie Geduld mit dem anderen und mit sich selbt. Biegen Sie immer wieder einen Zweig, und der Baum wird so wachsen, wie Sie ihn Tag für Tag geformt haben. (Daher ist auch das Kapitel über die verschiedenen Entwicklungsstufen einer Beziehung so wichtig!)

Bevor Sie eine entgültige Entscheidung bezüglich Partnerwahl treffen, rate ich Ihnen:

1. Sprechen Sie mit Gott darüber. Studieren Sie sein Wort, seine göttlichen Prinzipien. Beten Sie.
2. Sprechen Sie mit Menschen darüber, die Ihnen wichtig sind, besonders Verwandte oder Freunde, wenn sie auch Christen sind, oder mit Ihrem Pfarrer, Prediger, Seelsorger oder einem Partnerschaftsberater.
3. Beobachten Sie sich selbst. Nehmen Sie Ihre eigenen Bedürfnisse nach Liebe, Sicherheit, Zuneigung und seelischer Unterstützung wahr. Fragen Sie sich nach Ihren

Motiven und versuchen Sie, Ihre Gefühle mit Maßstäben zu beurteilen, die außerhalb Ihrer Empfindungswelt liegen.

4. Beobachten Sie Ihren Partner – seine Bedürfnisse nach Liebe, Sicherheit, Zuneigung und seelischer Unterstützung. Sein Verhalten, seine Ziele, seine Reaktionen. Nehmen sie vor allem wahr ohne zu verurteilen.
5. Bringen Sie Ihre eigenen Bedürfnisse und die IhresPartners zusammen. Stellen Sie sich die verschiedenen Rollen vor, die Sie als Liebende, Ehepartner, Eltern und praktizierende Christen spielen werden.

Hinweis:

Pastor Hartmut Behnke schrieb u.a. das Buch "Eheleben oder Überleben", das sich hervorragend zur Ehevorbereitung eignet! Themen wie Konfliktbewältigung, Umgang mit dem Geld, Schwiegereltern-, Kommunikations- und Wertgefühls-Probleme werden genauso praktisch behandelt wie "die Kraft des Berührens" oder "Ehephasen".
Hartmut Behnke: "EHEleben oder ÜBERleben – aus dem reichen Erfahrungsschatz eines Eheberaters", Pb, 116 Seiten,7.90 Euro, erschienen bei: edition *φ* philemon)

Vom Wesen der Liebe

Liebe ist so unergründlich, vielschichtig, multidimensional, dass man sie mit menschlichen Worten nicht definieren kann. Selbst der Apostel Paulus konnte uns nur mitteilen, wie sich Liebe ausdrückt, welche Eigenschaften sie besitzt, nicht aber *was* sie ist. Und das ist auch verständlich, denn "Gott ist Liebe". Genausowenig wie wir Gott erklären können, können wir die Liebe erklären. So wollen wir nun auch versuchen aufzuzeigen, wie sich Liebe ausdrückt.

Liebe sucht das Beste für den andern

"Ich mag sie, die Blume", sagt er, genießt ihren Duft, freut sich über die leuchtende Blüte und die erquickenden Farbkompositionen. Dann reißt er sie ab, nimmt sie mit nach Hause und stellt sie in eine Blumenvase, um sich weiter an der Blume zu erfreuen. Eigentlich war das keine Liebe; denn nach ein paar Tagen wird er eine verwelkte Blume in den Abfalleimer werfen. Liebe meint grundsätzlich den andern und sucht das Beste für ihn. Liebe fragt nicht "was bringt mir das?", sondern "was kann ich für dich sein?"

Wenn ein junger Mann nach einem Tanzabend zu seiner Partnerin sagt: "Ich mag dich, komm mit mir ins Bett, wir wollen uns lieben", dann meint er damit keine Liebe, sondern sich selbst, seine Befriedigung, Drüsenfunktion, ichbezogene Sättigung - und setzt dabei seine "Blume" großen Gefahren und negativen Folgen aus.

Dostojewsky meinte: "Liebe heißt, den andern so zu sehen, wie Gott ihn sich gedacht hat". Ich denke das biblische Lieben geht weit über das hinaus: nämlich dem andern auch dazu zu verhelfen, ihm zu dienen, damit er zu dem werden kann, was Gott mit ihm beabsichtigt hat.
Liebe ist höchste Wertschätzung des andern und besitzt ein

feines Gespür für dessen Nöte und Bedürfnisse. Solche echte Liebe überfällt uns nicht plötzlich aus heiterem Himmel, sondern muss erlernt, gewollt, geübt, erarbeitet werden. Sie ist eine lebenslange Verpflichtung und unabhängig von unserer Gemütslage, völlig unabhängig davon, ob ich im Augenblick Zuneigung empfinde, Verliebtheitsgefühle feststelle oder "Lust" zum Lieben habe.

Liebe beinhaltet Opferbereitschaft

Da Liebe auch eine ständige Opferbereitschaft beinhaltet, muss Liebe manchmal buchstäblich "erlitten" werden. Um der Liebesbeziehung willen wird auf Erlaubtes verzichtet, Gefährliches vermieden, Gewohntes losgelassen. Man legt sich selbst Beschränkungen auf, um den andern beschenken zu können. Man schreibt einen Brief, statt passiv fernzusehen; man verzichtet auf bisherige Gewohnheiten und Freuden, um den andern bereichern zu können.

"Es ist schön, für *andere* zu leben", meinte Grillparzer und gab uns damit eine Richtschnur für echte Liebe: Sie wetteifert darin, sich *dem anderen* zu verschenken! Diese Bereitschaft bleibt auch in der Ehe nicht bei dem erreichten Zustand stehen, sondern entfaltet einen konstruktiven Wettstreit: Was kann ich tun, damit unsere Ehe noch besser wird? Und da wird klar, dass ich *mehr* tun muss als mein Partner, dass ich den anderen - menschlich geredet - übertreffen will an Selbstlosigkeit, an kleinen Aufmerksamkeiten, an Güte und Verständnis.
Hier liegt meist der Grund für gescheiterte Liebesbeziehungen: Man hatte *Erwartungen*, die dann enttäuscht wurden; man hatte Hoffnungen auf dies und jenes - und das Grundsätzliche, *der Wille zur Opferbereitschaft*, fehlte. Daher fehlt auch echte Liebe. Und wie man allgemein richtig feststellt: ohne Liebe keine Ehe. Da hat man also nicht den Falschen geheiratet, sondern keine Liebesfähigkeit mit in die Beziehung gebracht! Die Ehe scheitert nicht daran, dass

man nicht zusammenpasst, sondern dass man nicht willig ist, das Beste für den andern zu wollen und zu tun. Wenn jeder Partner nur sich selbst meint, läuft eine Zweierbeziehung tot. Heiraten Sie also nur einen Partner, der bereit ist, zu lieben, bereit ist, lieben zu lernen - schon vor der Ehe!

Edith, 27 Jahre alt, las in der Zeitung folgende Anzeige: *"Selbstinserent. Ich, 30 J., 179 cm, schlank, bisher wegen eigenem gutgehenden Geschäft sehr in Anspruch genommen, wünsche mir nun eine treue Lebensgefährtin. Meine Hobbys: Tennis, Reiten, Lesen. Bitte schreib mir unter..."*

Das klang vielversprechend, und so schrieb Edith einen Brief und legte ein Foto bei. Man traf sich in einem noblen Restaurant. Erkennungszeichen: Duden (den sich Edith erst anschaffen musste) unterm Arm. Man überwand das erste peinliche gegenseitige Taxieren, sprach über Interessen und Hobbies, über Kinder-Erziehungsfragen und Elternhaus und war schließlich davon überzeugt, einen netten, interessanten Menschen kennengelernt zu haben, mit dem man den Ehehafen ansteuern kann.

Schon drei Monate später fand die Hochzeit von Edith und Werner statt. Tränen der Mütter, ein schmachtendes Minnelied der Schwägerin, viel Kuchen, Torte, Sekt und Eiscreme; dann die erste Enttäuschung, weil die Hochzeitsnacht nicht so verlief, wie in Dutzenden von Romanen vorher gelesen; die Hochzeitsreise nach Griechenland und die ersten Streitigkeiten über den Zeitpunkt des Lichterlöschens und das Fernsehprogramm. Wesentlich nachdenklicher trat das Paar die Rückreise an, doch der Reiz des Neuen hielt noch an. Nach vier Monaten verbrachte Edith wieder einmal einen einsamen Sonntagnachmittag. Werner befand sich mit seinen Freunden auf einem Ausritt. Er "brauche dies regelmäßig" als Ausgleich für den geschäftlichen Stress. Sie selbst konnte nicht reiten, hatte auch kein besonderes Interesse daran (und etwas Angst vor den großen Pferden).

Versuchen, ihr die Angst zu nehmen, ihr das Reiten beizubringen, dazu hatte Werner weder Zeit noch Geduld. Also verbrachte sie fast jeden Sonntagnachmittag allein. Montagabend, nach der Arbeit, las Werner den "Spiegel". (Werner informierte sich gerne über das Zeitgeschehen, daher hatte er zusätzlich noch "die Welt" abonniert - er war ja so interessiert!) Dienstagabend war Tennisabend (an dem Edith ebenfalls kein Interesse hatte - wegen den "unmöglichen" Leuten dort). Ja, und dann gab es Abende, an denen Werner "Kunden treffen" musste oder ein Geschäftsessen hatte oder man "Gemeinschaft" vor dem Fernseher pflegte, den Werner nüsseknabbernd von seinem Sessel aus per Fernbedienung steuerte... nach bereits zehn Ehe-Monaten, die von immer heftiger werdenden Auseinandersetzungen gezeichnet waren, entschloss man sich schließlich zur Scheidung.

Wo der Wille zum Opfer fehlt, fehlt der Wille zur Ehe! Wer nicht auf persönliche Bedürfnisse verzichten will, sollte auf die Ehe verzichten! Wer also wissen möchte, ob er für die Ehe geeignet ist, soll sich fragen, ob er lernen will, den *anderen* zu meinen, sich ihm zu verschenken, das Beste für ihn zu suchen. Ein liebender Mensch will nicht in erster Linie glücklich werden, sondern glücklich machen. Eine Ehe braucht Liebe, um funktionieren zu können. Das Unvermögen zu lieben und der Mangel an Opferwilligkeit sind die häufigsten Ursachen von Ehekrisen.

Doch hier liegt auch die große Chance für jede Ehe; denn Liebe kann man tatsächlich lernen. Liebe ist mehr eine Willenssache als eine Gefühlssache. Sie muss Ziel und Sinn der Ehe kennen, sonst wird auch die Liebe ziel- und sinnlos.

Wir sollten unbedingt erkennen, dass die Märchen und die Liebesromane eine Liebes-Schein-Welt vorspielen, die mit der Realität wenig zu tun hat. Die Liebeswirklichkeit sieht völlig anders aus. *"Sie heirateten und waren glücklich bis an ihr Ende. Und wenn sie nicht gestorben sind, dann leben sie noch heute..."* Liebeswirklichkeit ist kein "und sie lebten glücklich bis an ihr Ende..." Da wirft nämlich der Prinz dem Aschenbrödel plötzlich ihre soziale Herkunft vor, und sie schreit zurück, so einen wie ihn hätte sie an jedem Finger zwei haben können. Und Dornröschen muss sich das Gejammer über die Kratzer vom Rosengestrüpp anhören. Schneewittchen schließlich leidet unter Depressionen, weil ihr Mann ihre böse Stiefmutter um die Ecke gebracht hat.

Die Kunst der Liebe besteht darin, die Liebesgefühle eines Roman-Rendezvous in eine Liebe der nüchternen Wirklichkeit zu verwandeln.

Und wenn die Gefühle erlöschen?

Hans erklärte mir im Beratungs-Gespräch, dass er seiner Frau gegenüber überhaupt nichts mehr empfinden würde. "Doch", meinte er hinzufügend, "ich empfinde starke Abneigung!" Er war seit zwölf Jahren verheiratet. Auch Renate, seine Frau, teilte mir mit, dass sie ihren Mann nicht mehr lieben könne. "Woher wissen Sie, dass Sie ihn nicht mehr lieben?" fragte ich. "Weil ich nichts mehr für ihn empfinde, und das schon seit längerer Zeit."

Eine ausweglose Situation? Nein, ganz und gar nicht. Allerdings mussten Hans und Renate gründlich umdenken. Sie nahmen ihre Gefühle zum Maßstab für ihre Liebe, und da - wie wir bereits festgestellt haben - Gefühle abflauen können, meinten die beiden, dass auch ihre Liebe automatisch aufhören würden, wenn die Gefühle Anzeichen des Erlöschens von sich geben. Als sie wieder lieben lernten, stellten sich nach einiger Zeit auch wieder die ersten positiven Gefühle dem andern gegenüber ein. Sie mussten bildlich gesprochen das Flussbett schaffen (willentlich), in das sich dann wieder die Flut von Gefühlen der Zuneigung und Sympathie ergießen konnte.

Eine der größten Lügen unserer Gesellschaft will uns weismachen, die Gefühle würden grundsätzlich über die Realität Auskunft geben. Wer dies glaubt wird in seinen zwischenmenschlichen Beziehungen unweigerlich in einer Sackgasse landen.

Nochmals: Liebe ist nicht in erster Linie Gefühl, sondern eine Haltung, die sich in Handlungen ausdrückt. Zu dieser Haltung (mit ihren Handlungen) komme ich u.a. aufgrund willentlicher Entscheidungen, nicht aufgrund drängender Empfindungen. Gefühle folgen in diesem Zusammenhang meist den Handlungen der Liebe nach. Gefühle sollen Helfer, Diener sein, nicht aber Diktatoren über unsere Verhaltensweisen. Wer sich lediglich von seinen Gefühlen leiten lässt, wird von ihnen immer mehr abhängig und versklavt werden. Dieses Verhältnis zwischen praktischem Lieben und Liebes-Gefühlen möchten wir an einem Beispiel etwas verdeutlichen, wobei wir uns bewusst sind, dass jeder Vergleich hinkt!

Vergleichen wir "lieben" mit dem Autofahren. Zum Autofahren gehört zuerst eine willentliche Entscheidung: Ich setze mich hinters Steuer, drehe den Zündschlüssel, lege den Gang ein und fahre los. Zum Fahren gehören nun auch willentliche Handlungen: steuern, gasgeben, bremsen... ich fahre also Auto, indem ich die dazu nötigen Handlungen willentlich ausführe. Für manchen ist das Autofahren aber erst dann interessant, wenn er beim Fahren in den Rückspiegel schauen und sehen kann, wie sich hinter ihm eine gewaltige Staubwolke bildet. Je mehr er Gas gibt, desto höher wirbelt der Staub auf. - "Herrlich", denkt er, "jetzt fahre ich erst richtig!"

Vergleichen wir die Staubwolke (Phenyläthylamin?) mit dem Liebes-Gefühl oder den Verliebtheitsgefühlen. Die Haltung und Handlung "lieben" (autofahren) hat also entsprechende Gefühle (Staubwolke) zur Folge. Das ist erfreulich.

Doch nun kommt das Entscheidende: Unser Autofahrer kommt bei seiner rasanten, staubaufwirbelnden Fahrt in einen Wolkenbruch; es gießt in Strömen, und siehe da: der Staub ist plötzlich weg, keine Staubwolke mehr vorhanden! In solche "Wolkenbrüche" kommt jedes Ehepaar. Da fehlen plötzlich diese "Liebes-Gefühle", das Zueinanderhingezogensein, Verliebtsein, Sehnsuchthaben.
Nun meinen manche Eheleute, sie würden sich nicht mehr lieben, wenn´s nicht mehr "staubt". Doch genauso, wie unser Autofahrer über die nasse Straße ohne Staubwolke weiterfährt, ja weiterfahren muss, genauso ist es möglich, weiter zu lieben - auch ohne Verliebtheitsgefühle.

Den größten Fehler, den unser Autofahrer nun begehen könnte, wäre anzuhalten, auszusteigen und nach der Staubwolke Ausschau zu halten.

Er mag Glück haben, die Straße kann trocknen, und die Staubwolke bei der späteren Weiterfahrt vielleicht wieder sichtbar werden. Steht unser Autofahrer jedoch auf einem Stück asphaltierter Straße, so kann er dort warten bis er alt ist: er wartet vergeblich, und er fährt (liebt) tatsächlich auch nicht mehr.

Diesen Fehler begehen viele Ehepaare. Das Gefühl ist weg, folglich hören sie auf zu lieben mit der Begründung: "Ich kann doch nicht das oder jenes tun, ohne dabei etwas zu empfinden..." und warten auf die "Staubwolke" (Liebes-Gefühl).

In der Regel ist es aber so, dass, je länger sie warten, desto schwerer fällt es, auf dem asphaltierten Straßenabschnitt weiterzufahren. Es bereitet Mühe, den Wagen wieder anzulassen. Daher stehen manche Eheleute seit Jahren auf diesem staublosen Wegstück und kommen nicht mehr vorwärts.
Die Lösung heißt: weiterfahren! weiterlieben! Es kommt dann schon wieder ein Wegstück, auf dem es "staubt". Indem

ich meinen Partner bewusst weiterliebe, ihm Gutes tue, das Beste für ihn im Auge habe, entzünden sich auch immer wieder Liebes-Gefühle. Jeder Mensch braucht Liebe und reagiert auch auf Liebe, die ihm entgegengebracht wird. Unser Autofahrer mag nach einem anderen Ausweg suchen. Vielleicht sieht er plötzlich einen fremden Weg, eine fremde Straße, auf der er tatsächlich trockenen Sand entdeckt. Er bricht aus seinem Weg aus und fährt auf der fremden Straße weiter, auf der es dann tatsächlich wieder staubt.

So versuchen manche Ehepartner, aus ihrer Ehe auszubrechen, um bei einer anderen Person wieder "Gefühl" zu erleben. Selbstverständlich sind hier anfänglich solche Verliebtheitsgefühle möglich, aber auch in der neuen Beziehung wird es immer wieder "Wolkenbrüche" geben mit dem Resultat, dass auch hier die Gefühle vergehen. Eine Lösung ist es also nicht, aus der Ehe auszubrechen und "fremd" zu gehen.

Unser Autofahrer kommt nur dann ans Ziel, wenn er lernt, auch ohne Staubwolke auf seiner Straße weiterzufahren.

Jede partnerschaftliche Liebesbeziehung kann nur dann dynamisch und beständig bleiben, wenn die Ehepartner lernen, auch ohne Gefühl zu lieben.

"Ich habe Angst davor, dass ich dann heuchle", wandte nach einem Vortrag eine ernsthafte junge Frau ein, "kann ich tatsächlich sagen: ich liebe dich, ohne das entsprechende Gefühl?" Ja, natürlich, man muss aber auch wirklich lieben - sich für diese Haltung und Handlungen willentlich entscheiden - dann kann man mit Recht und in Wahrheit behaupten: ich liebe dich! - obwohl augenblicklich die "Staubwolke", also das entsprechende Gefühl, fehlt.

Ich kann doch auch zu meiner Frau sagen: "Ich bin dir treu!" Warum kann ich das behaupten? Weil ich mich erstens willentlich dafür entschieden, also eine entsprechende

Haltung eingenommen habe, und zweitens, weil ich in meinem Verhalten tatsächlich treu bin. Ob ich jetzt diese Treue augenblicklich auch so empfinde oder nicht, hat auf die Wirklichkeit des tatsächlichen Treuseins keinen Einfluss. So kann ich aufgrund meiner willentlichen Haltung und den entsprechenden Handlungen, indem ich das Beste für den andern suche, auch sagen: "ich liebe dich!" Meine augenblicklichen Gefühle haben auf diese praktizierte Wirklichkeit keinen Einfluss.

"Ich bin aber ausgetrocknet"

Meistens erkennen Ehepartner die Notwendigkeit dieses notwendigen Lernprozesses. Sie versuchen, lieben zu lernen, diese Haltung einzunehmen und entsprechend zu handeln. Doch nun merken sie plötzlich: "Der Geist ist zwar willig, aber das Fleisch ist schwach...", es klappt nicht, sie haben keine Kraft, keine Energie dafür. Man wird schwach und immer schwächer, müde und immer müder beim Versuch, echt lieben zu lernen. Die eigene Kraftquelle ist nämlich sehr schnell erschöpft, und man fühlt sich buchstäblich ausgetrocknet.

Diese Erkenntnis ist notwendig, denn wir brauchen, um wirklich lieben lernen zu können, eine andere Kraftquelle, eine Quelle echter Liebe, die über unser kleines Rinnsal hinausreicht. Diese Quelle findet man in Jesus Christus.

"Gott", so sagt die Heilige Schrift "ist Liebe". Wer durch das Vertrauen auf Jesus Christus mit dieser Liebe in Verbindung gebracht wurde, braucht sich nicht mehr auf seine eigenen Kraftanstrengungen zu verlassen; er kann aus dem unbegrenzten Reservoir der Liebe Gottes schöpfen.
"Also hat Gott die Welt geliebt, dass Er Seinen eingeborenen Sohn gab, auf dass alle, die an Ihn glauben, nicht verloren gehen, sondern ewiges Leben haben" (Joh. 3,16).

An dieser Gegebenheit können wir uns täglich neu erfreuen: Jesus Christus liebt jeden einzelnen von uns so sehr, dass er Sein Leben - auch für mich ganz persönlich - in den Tod gab. Machen Sie sich doch diese gewaltige Tatsache immer wieder bewusst! Der allmächtige Gott hat Sie lieb! Er beweist dies durch eine klare Handlung: Jesus Christus nimmt die Strafe, die Sie und ich verdient hätten, auf sich, damit wir begnadigt werden können. So wertvoll ist jeder Mensch in Gottes Augen!

"Wenn ich nachts in meinem Bett liege, denke ich über dich nach", sagt der Psalmist in Psalm 63, 7ff; *"denn du hast mir immer geholfen; ich preise dich, unter deinem Schutz bin ich sicher und geborgen. Ich klammere mich an dich, und du hältst mich mit deiner starken Hand."*

Wenn ich mich der ständigen Güte und Liebe Gottes ausliefere, darüber stille werde und nachdenke, wird diese Liebe mein Denken und dann auch mein Empfinden prägen. Ich weiß mich dann grundsätzlich geliebt, in meinem tiefsten Menschsein angenommen - und diese Liebe Christi (nicht ein Gefühl!) kann ich dann weitergeben - vor allem an meinen Partner.

Hinweis:
An dieser Stelle sei die Lektüre des aktuellen Buches "Lieben will gelernt sein" empfohlen, das innerhalb eines Jahres bereits die 5. Auflage erreicht hat!

Ob zur Ehevorbereitung, zur Gestaltung oder Verbesserung einer Freundschafts-Beziehung: hier bekommt der Leser praktische Hilfe – anschaulich verpackt. Dieses Buch wendet sich sowohl an alleinstehende oder befreundete Singles, sowie an Verheiratete, Verwitwete oder solche, die bereits eine zerbrochene Beziehung hinter sich haben.

Walter Nitsche: "Lieben will gelernt sein", Pb,
140 Seiten, 6.90 Euro ,erschienen bei: edition φ philemon

Teil 2:
Die Partnersuche

*"Bittet, so wird euch gegeben;
suchet, so werdet ihr finden;
klopfet an, so wird euch aufgetan!
Denn jeder, der bittet, empfängt;
und wer sucht, der findet;
und wer anklopft, dem wird aufgetan.
Oder ist unter euch ein Mensch, der, wenn sein Sohn
ihn um Brot bittet, ihm einen Stein gäbe,
oder, wenn er um einen Fisch bittet,
er ihm eine Schlange gäbe?"
(Jesus Christus im Matthäusevangelium Kap. 7,7 – 10)*

"Überlassen wir die zweitwichtigste Entscheidung
*im Leben nicht irgend einer Art Zufall.
Gottes Führungen sind oft wesentlich praktischer
und weniger dramatisch
als viele Christen es glauben."
(Pastor Kai Fassbender)*

Partnersuche für Christen

Partner-Suche? Soll ein Christ sich einen Ehepartner nicht einfach von Gott schenken lassen? Ist bewusstes Suchen nicht ein Ausdruck von Misstrauen in die Führung Gottes? Hat sich nicht auch Adam passiv verhalten und doch seine Eva bekommen? So und ähnliche Fragen werden unter Christen immer wieder erörtert. Beim näheren Hinsehen wird man jedoch feststellen, dass auch bei der Frage der Partnersuche das Wort Gottes viel praktischer und realistischer ist, als manch geistlich scheinende Idee oder Meinung, die man zum Ausdruck bringt.

So muss man - um eine Aussage aus den obigen herauszugreifen - bei Adam und Eva folgendes beachten: Obwohl wir von der Wahrheit einer Schöpfung durch den allmächtigen Gott überzeugt sind, ist es nicht erlaubt, aus biblischen Geschehnissen eine Dogmatik erstellen zu wollen. Das Zusammenkommen von Adam und Eva war theologisch gesehen ein *einmaliges biblisches Ereignis*. Genauso einmalig war die Brautwerbung eines Jakob, der für seine Rahel tatsächlich zuerst jahrelang bei seinem künftigen Schwiegervater arbeiten musste. Welche Dogmatik könnte man hier wohl ableiten wollen?! Nein, geschilderte Ereignisse dürfen wir nicht dogmatisieren, aber wir dürfen uns überlegen, welche göttlichen, biblischen Prinzipien ihnen zugrunde liegen!

Die Basis für eine Partnersuche unter der Führung Gottes sollte sicherlich in erster Linie das Vertrauen auf die Vollkommenheit der Wege Gottes sein. Er sagt den Seinen: *"Ich will dich nicht verlassen noch versäumen" (Hebr. 12,5)* - mit oder ohne Ehepartner will er die Grundlage unseres Lebens sein. Er will uns Geborgenheit, Angenommensein und Wert schenken und verleihen. Richtige Partnersuche sollte also damit beginnen, dass wir unserem Schöpfer und Erlöser neu unser Vertrauen darin aussprechen, dass wir bei ihm nicht zu kurz kommen werden, dass ein Leben mit ihm auf jeden Fall sinnvoll ist - mit oder ohne Ehepartner.

Paulus war ein alleinstehender Mann. Und doch konnte er triumphierend ausrufen: *"Was wollen wir nun hierzu sagen? Ist Gott für uns, wer mag wider uns sein? Welcher sogar seines eigenen Sohnes nicht verschont, sondern ihn für uns alle dahingegeben hat, wie sollte er uns mit ihm nicht auch alles schenken?" (Röm. 8,31-32).*

Gott selbst fordert uns auf zu bitten: "Wer bittet, dem wird gegeben werden". (Matthäusevangelium, Kap. 7,7) Wir sollen nicht einfach die Hände in den Schoß legen und alles andere "Gott erledigen" lassen. Das entspricht nicht dem Willen und den Absichten Gottes.

So heißt es auch: "Wer anklopft, dem wird aufgetan!" Gott könnte doch sofort jegliche Tür auftun! Er weiß doch, dass wir diese oder jene Tür durchschreiten möchten. Aber nein: Gott will, dass wir zuerst anklopfen – im Vertrauen auf seine Güte uns zu Wort melden, aktiv werden. Dann wird er segnen und handeln.

Und wir lesen ebenfalls in Math.7,7: "Wer sucht, der wird finden!" Auch hier dasselbe Prinzip. Ein Prinzip das auch auf die Partnersuche angewendet werden kann und soll: im Vertrauen auf Gott (und "nicht ohne seine Führung"!) werde ich aktiv suchen, bewusst suchen, gezielt suchen – die Ergebnisse aber letztlich ihm überlassen und meine Entscheidungen innerhalb seiner mir gesetzten Grenzen treffen.

Gezielte Partnersuche entspricht daher einem göttlichen Prinzip, wozu Pastor Kai Fassbender schreibt: "In der Bibel kann man nachlesen (Genesis 24), dass sich Gott auch in übernatürlicher Weise zu Partnerschaftsvermittlungen stellt und sie nachdrücklich segnet. Überlassen wir die zweitwichtigste Entscheidung im Leben nicht irgend einer Art "Zufall". Gottes Führungen sind oft wesentlich praktischer und weniger dramatisch als viele Christen es glauben."

Hilfe bei der Partnersuche

Naheliegenderweise werden sich zwei junge Christen am besten in derselben christlichen Gemeinschaft kennenlernen. Man lernt die Art und Weise des andern schätzen, weiß um seine Vorstellungen, um seinen Einsatz, um seine Stärken und Schwächen. Man findet ihn immer sympathischer und erlebt dann, dass diese Sympathie erwidert wird. Während dieses Kennenlern-Prozesses können in fast idealer Weise die in den letzten Kapiteln erläuterten göttlichen Prüf-Kriterien angewandt werden.

Auch im Rahmen von christlich orientierten Freizeiten oder Reisen können andere Christen kennengelernt und Freundschaften aufgebaut werden (über die entsprechenden Gefahren, vor allem von Äußerlichkeiten her zu reagieren, haben wir schon gesprochen!)
Es gibt nun Gemeindesituationen, in denen für den einen oder anderen Christen einfach kein Partner vorhanden ist, der ihm entsprechen würde. Und es gibt Christen, die sehen es nicht als ihren Weg an, auf Freizeiten oder Reisen vor allem nach einem potentiellen Ehepartner Ausschau zu halten. "Ich bin in der Gemeindearbeit und beruflich stark engagiert, und es ist mir viel zu oberflächlich und auch zu uneffektiv, auf Freizeiten nach meiner künftigen Ehefrau Ausschau zu halten", schrieb mir ein etwa 35jähriger gläubiger Rechtsanwalt, der im Rahmen seiner Kirchengemeinde auch noch keine Ehefrau gefunden hatte. Er entschloss sich daher, nach der "Art Abrahams vorzugehen", wie er sich ausdrückte.

Abraham sandte seinen Knecht Elieser aus, um für Isaak eine Frau zu suchen. Elieser (der erste biblisch belegte "gläubige Partnervermittler") bekam ganz klare Vorgaben von Abraham: nicht aus den Heidenvölkern sollte die zukünftige Ehefrau kommen, sondern nach einer Tochter aus dem Haus Israels sollte Elieser Ausschau halten. Und Elieser kam diesem Auftrag nach: unter Gebet und Bitte um Gottes Leitung und Führung fand er tatsächlich eine Frau, die ihr freiwilliges "Ja-Wort" dazu gab, mit Elieser zu ziehen: Rebekka.

Weder Abraham noch Elieser wurden aus Misstrauen Gott gegenüber aktiv (ganz im Gegensatz zu jener Situation, als Abraham mit seiner Magd seinen Nachkommen zeugte). Die ganze Geschichte in 1. Mose 24 ist ein Beispiel von vertrauensvollem Handeln in der Abhängigkeit von Gott; ein Beispiel von gesegneter Aktivität, von gottgewollter praktischer Suche, an deren Ende wahrhaftige Anbetung stand!

Elieser war sozusagen der erste "Partnervermittler" bzw. "Partnersuchender", der seinen Dienst im Auftrag und in Abhängigkeit von Gottes Willen duchführte. In der jüdischen Kultur hat "Eheanbahnung" eine sehr lange Tradition.

Ph. de Vries schrieb in seinem Buch "Jüdische Riten und Symbole": "Im jüdischen Leben gibt es etwas, was der Verlobung im allgemeinen Sinne des Wortes nahekommt, und zwar auf dem Gebiet der Heiratsvermittlung. Sie wird Schidduch genannt. Im Grunde genommen sind das die Verhandlungen um eine mögliche Ehe und die vorläufige Entscheidung dazu."

Der Eheanbahner gilt im Judentum als Vertreter eines ehrwürdigen Berufszweigs und wird *Schadchan* (plural *Schadchonim*) genannt, was so viel wie Heiratsvermittler oder Brautwerber bedeutet. Das Wort entstammt dem Hebräischen oder Aramäischen.

Hunderte von vorbildlichen Ehen unter Christen entstanden auch heutzutage durch den Dienst seriöser, christlicher Partnervermittlung. Und Tausende von überzeugten Christen nehmen die Hilfe christlicher Partnervermittlung in Anspruch, um dadurch jenen Menschen zu finden, mit dem man durch Freud und Leid gehen möchte, bis "dass der Tod uns scheide..."

Durch die Inanspruchnahme eines Partnerschaftsdienstes schränkt man daher grundsätzlich nicht das Handeln Gottes ein, denn die Bibel zeigt uns ja, dass wir den Willen Gottes aus seinem Wort erkennen können. Wenn christliche Partnervermittler daher nach biblischen Prinzipien vorgehen, Kriterien einer christlichen Partnerschaft beachten und daraufhin Kontakte ermöglichen, bieten sie einfache Handreichung – Gott hat dabei nach wie vor das "letzte Wort" und der Partnersuchende nach wie vor die Verantwortung der individuellen Prüfung und Entscheidung.

Bei unserer Berufswahl wägen wir ja ebenfalls ab, informieren uns, fragen nach dem Willen Gottes, führen "Vorstellungsgespräche". Niemand käme auf die Idee, zu warten, bis plötzlich ein Brief mit einem persönlichen konkreten Stellenangebot ins Haus flattert. Das wäre ein unbiblisches "Hände in den Schoß legen" und eine Forderung an Gott, nach der von uns gewünschten Art und Weise zu handeln. Weit wichtiger als die Berufswahl aber ist die Entscheidung für einen Ehegefährten. Sollte man hier nicht um so weniger die "Hände in den Schoß legen", mit "Zufallsbekanntschaften" rechnen oder von Gott erwarten, dass er auf jeden Fall einen Lebensgefährten "zu servieren" hat?!

Da meine Frau und ich selbst einen christlichen Partnerschaftsdienst leiten (und man dabei etwas "betriebsblind" werden kann), baten wir um der Objektivität willen andere Autoren, die sich schon jahrelang mit Partnervermittlungen, Kontaktanzeigen etc. befassen und einen viel größeren und besseren Überblick haben, Beiträge zu diesem Thema zu schreiben. In den beiden nachfolgenden Kapiteln wurde diesem Wunsch entsprochen.

Christliche Partnervermittlungen und andere Möglichkeiten

Die meisten Singles wünschen sich einen liebevollen Partner, mit dem man durch "Dick und Dünn" gehen kann. Doch wo finde ich diesen Menschen?

Die einfachste Form der Partnersuche läuft wohl so, dass man im normalen Umfeld jemanden kennen lernt. Sei es am Arbeitsplatz, in einem sozialen Dienst, bei Freunden und Bekannten, in der Kirche, Gemeinde oder bei der Freizeitgestaltung. Man interessiert sich für einen Menschen, der anziehend und sympathisch wirkt.

Diese Form hat den Vorteil, dass man dabei in der Regel genug Zeit und Gelegenheit hat, sich besser kennen zu lernen, und so genauer erkennen und prüfen kann, ob man sich als Partner füreinander entscheiden will.

Interessant finden wir den Sachverhalt, dass sich in Israel die meisten Eheleute beim gemeinsamen Militärdienst kennen- und liebengelernt haben. Bekanntlich leisten junge Israelis ihren Militärdienst in gemischten Gruppen ab, und das viele Monate lang (Männer: drei Jahre). Männer werden auch immer wieder als Reservisten zu mehreren Wochen dauernden Einsätzen einberufen (Frauen nicht). Jedenfalls lernen sich die jungen Leute bei der Armee besser kennen als anderswo. Man erlebt miteinander Freud und Leid, Entbehrungen, Ängste, Unannehmlichkeiten und kann dadurch nicht nur ein "Wochenendgesicht" aufsetzen. In oft belastenden Situationen kommt das wahre Wesen der jungen Leute zum Vorschein. Wie einer denkt, handelt, zu Kameradschaft und gegenseitiger Hilfe bereit ist, ermuntern, trösten oder erheitern kann – all das förderte ein wirkliches Kennenlernen.

Selbstverständlich wünschen wir uns diese Zustände bei uns nicht. Es ist jedoch noch nicht allzulange her, da war die Wahl des Ehepartners Sache der Eltern, die in ihrem Bekanntenkreis jemanden aussuchten, der in erster Linie aus ähnlichen Kreisen stammen musste. Eine Frau musste eine Aussteuer mitbringen, ein Mann die Familie alleine ernähren können. Andere Aspekte, die für eine harmonische Ehegemeinschaft wichtig sind, wurden leider als eher unwichtig behandelt.
Heute, so meint man, hätte sich dies alles völlig geändert, weil der Partnersuchende selbst die freie Auswahl hat. Das stimmt aber nur theoretisch. Bei der Frage nach dem geeigneten Ehepartner wird der Partnersuchende nämlich oft allein gelassen. Außerdem sind die Ansprüche an einen Partner heutzutage viel höher als früher, zumal Beziehungen heute meist auch als Teil der Selbstverwirklichung gesehen werden.

Oftmals gibt man sich einem naiven “Schicksalsglauben” hin. Man geht davon aus, dass nicht nur ein bestimmter Partner “mein Schicksal” ist, sondern dass mir dieser Mensch im Lauf meines täglichen Lebens irgendwann auch begegnen wird. Diese märchenhafte Vorstellung hat mit christlichem Vertrauen auf die Führung Gottes nichts zu tun. Auch wenn es schöne Berichte von christlichen Eheleuten gibt, die Gott auf wunderbare Weise zusammengeführt hat (ist es nicht immer wunderbar, wenn sich zwei geeignete Personen dazu entscheiden, ein Leben lang in Liebe und Treue zueinander zu stehen?!) – diese Beispiele, oder gar märchenhaft anmutenden Einzelfälle, dürfen wir niemals dogmatisch sehen und keinesfalls verallgemeinern. Gerade hier sollten wir nüchtern, objektiv und biblisch gegründet sein. Gott will uns zwar in der Partnerschaftsfrage führen und leiten, sich jedoch nicht als “Brautwerber” vor unseren Karren spannen lassen. Wir dürfen auch nicht einfach einen unchristlichen “Schicksalsglauben” mit einem frommen Mantel umhängen und einen “Gottglauben” daraus machen. Falsche Grundeinstellungen ändern sich dadurch nicht.

Nicht selten ist es nun so, dass man in der näheren Umgebung keinen geeigneten Partner findet. Mancher braucht vielleicht ein wenig Hilfestellung, um zu lernen oder ermutigt zu werden, einfach mal auf jemanden zuzugehen. Wie sonst sollte man herausfinden, ob diese Person überhaupt Interesse an mir hat? Außerdem: Soziologen behaupten, dass jedem Mann und jeder Frau im Leben nur 3 bis 6 Menschen begegnen, die überhaupt einiger-maßen als Lebenspartner in Frage kommen können. Und meistens merkt man es gar nicht, dass diese "Zufallsperson" zu diesem Kreis gehört.

Hier gibt es nun vor allem die Möglichkeit, mit Hilfe "gezielter Partnersuche" (z.B. Partnervermittlungen) andere Menschen kennen zu lernen. Natürlich kann man durch Anzeigen, durch Single-Treffs oder die Besuche eines "Balls der einsamen Herzen" Kontake knüpfen. Der riesengroße Nachteil bei dieser Art der Partnersuche ist jedoch der Umstand, dass durch solche Aktionen letztlich nur nach dem Zufallsprinzip Menschen mit völlig verschiedenen Grundhaltungen, Absichten oder Zielen in Kontakt kommen. Man besitzt normalerweise keine Vorab-Informationen, keinerlei Kriterien, die das Zustandekommen eines Kontaktes als erfolgversprechend erscheinen lassen könnten. Von daher erscheinen mir solche Arten von Partnersuche sehr zweifelhaft und – gemessen an der Erfolgsquote – ungeheuer aufwändig. Meist stehen dann auch noch irgendwelche Nebensächlichkeiten im Vordergrund, die bezüglich einer harmonischen Partnerbeziehung keinerlei Auswirkungen haben werden.

Kontaktanzeigen in Magazinen und Internetseiten

Der Vorteil dieser Möglichkeit ist, dass man durch eine Anzeige eine Vielzahl von Singles erreicht, die man sonst nie treffen würde. Doch hier liegt auch bereits der erste

Nachteil begründet: Ihre Anzeige wird von allen möglichen (und "unmöglichen") Leuten gelesen – auch von denen, die für Sie überhaupt nicht in Frage kommen. Und dementsprechend sind dann auch die Zuschriften: meistens Briefe, in denen – trotz ihrer Länge – Wesentliches fehlt; nämlich genau jene Aspekte, die Ihnen persönlich sehr wichtig sind. Natürlich können Sie nun antworten und genauer nachfragen (und dabei Ihre Anonymität aufgegben). Erst dann, wenn Sie einen Zweit- oder Drittbrief bekommen, können Sie endlich erkennen, dass die Zuschrift von vornherein irrelevant für Sie war, denn jetzt erfahren Sie, dass der Schreiber bereits zwei Kinder hat; für Sie war aber von vornherein wichtig, dass er eben keine Kinder hat!

Dass bei den Zuschriften, die Sie erhalten, wirklich für Sie geeignete Partner darunter sind, ist statistisch gesehen nur zu einem verschwindend kleinen Prozentsatz möglich. Ein hoher Leserkreis der Zeitung und eine Fülle von Zuschriften täuschen über diese Tatsache anfangs oftmals hinweg.

"Hallo! 30jähriger, sympathischer Christ sucht auf diesem Weg junge, nette Christin zur Gestaltung einer gemeinsamen Zukunft." Chiffre:... Natürlich ist diese Anzeige ein Extrembeispiel eines nichtssagenden Inserats. Doch hier befinden wir uns bereits beim zweiten großen Nachteil von Kontaktanzeigen: Auch wenn sie mehrere Sätze beinhalten, sagen sie kaum jemals etwas Konkretes aus, sind sehr breit gefächert und lassen Wesentliches außer acht. Wollte man verantwortlich vorgehen, müsste man jedem Schreiber zuerst einen ausführlichen Fragebogen senden bzw. detaillierte Fragen stellen, um dann erst einmal zu entscheiden, ob man in einen weiteren Briefkontakt treten möchte oder nicht. Doch diesen notwendigen Aufwand, grundsätzliche Gegebenheiten, Kriterien und Vorstellungen zuerst zu prüfen, leistet niemand, und so liegt die Möglichkeit sehr nahe, bald mit "Heiratswilligen" in Kontakt zu kommen, die nicht einmal die Grundkriterien eines geeigneten Partners erfüllen.

Statistisch gesehen müsste man, um einigermaßen effektiv zu sein, beispielsweise 500 Zuschriften auf eine Anzeige bekommen, und allen Schreibern einen Fragebogen senden, um grundsätzliche Gegebenheiten erst abzuklären, bevor man überhaupt mit einem Briefwechsel oder Telefonkontakt beginnt.

“Ich gebe keine Anzeigen mehr auf”, meinte eine sehr junge Dame, mit der wir nach einem Vortrag sprachen, “ich hatte fast 100 Zuschriften bekommen, und das wurde mir viel zu viel. Nun habe ich damit begonnen, Kontaktanzeigen zu beantworten. So kann ich die Sache selbst steuern...” Nein, Erfahrungen damit hatte sie noch nicht, denn sie hätte erst begonnen, Briefe zu schreiben.

Dritter Nachteil: Manche Inserenten werden mit Zuschriften überhäuft. Dutzende Absagen zu schreiben ist ihnen dann zu viel. Sie antworten deshalb überhaupt nicht. Auch dann, wenn der Inserent merkt, dass er keinen näheren Kontakt zum Schreiber aufnehmen möchte, antwortet er oft nicht – obwohl er in seiner Anzeige stehen hat “Antwort garantiert!” Dr. S. Mehlisch schreibt in seinem Buch “Liebe auf den ersten Brief”: “Oftmals werden Sie überhaupt keine Reaktion seitens des Inserenten erhalten... In diesem Fall ist meistens auch das mitgeschickte Bild weg, selbst wenn Sie eindringlich um dessen Rücksendung gebeten haben. Zweite und dritte Briefe bringen wenig, ebensowenig wie eine Beschwerde beim Verlag. Dieser ist grundsätzlich dazu verpflichtet, das Chiffre-Geheimnis zu wahren.... Wenn Sie Anzeigen beantworten, haben Sie außerdem den Nachteil, dass Sie vom Inserenten sehr wenig wissen. Anzeigen sind meist nicht billig, und die Inserenten fassen sich deswegen sehr kurz...”

Vierter Nachteil: “Außerdem müssen Sie das Visier zuerst hochklappen. In einer Zuschrift können Sie selbst keine Chiffre-Nummer angeben, sondern müssen Ihre Adresse oder Telefonnummer nennen....”

Fünfter Nachteil: Und auch dieser Autor gibt – wie viele andere, die sich mit der Realität der Folgen von Kontaktanzeigen befasst haben – zu, dass (weil der Inserent die Adressen seiner Zuschriften erfährt) es passieren kann "dass er gleich vor Ihrer Haustür steht, ohne sich anzumelden. Kennt er Ihre Telefonnummer, könnte er theoretisch pausenlos anrufen..."

Dieser Aspekt ist wohl der unangenehmste.

Sicherlich muss man hier (im Gegensatz zu den vier bisher genannten Nachteilen) einen starken Unterschied zwischen säkularen Anzeigenblättern und Anzeigen in christlichen Magazinen machen. Die Inserenten sind verständlicherweise verschieden. Die Leser, die darauf antworten, ebenfalls.

Zu den Leuten, die im säkularen Bereich Anzeigen aufgeben, gehören auch: Eltern, die ihre Kinder unter die Haube bringen wollen, Menschen, die lediglich neue Bekannte suchen, unseriöse Vermittlungsinstitute (nach dem bereits oben erwähnten Autor Dr. S. Mehlisch), und Schwindler, die auf leichte Beute warten, Neurotiker, Perverse, Drogenabhängige, hoch Verschuldete und Verheiratete, die Abwechslung brauchen, sowie Gebrechliche, die eine "kostengünstige" Haushälterin oder Krankenschwester suchen.

Doch auch im christlichen Bereich finden wir diesen Nachteil als einen sehr schwerwiegenden und nicht zu unterschätzenden Askpekt. Auch manche Christen schalten "nur so zum Spaß" oder "aus Neugierde" eine Kontaktanzeige (oder antworten auf Anzeigen: "ich wollte mal sehen, wer sich hinter dieser Anzeige verbirgt"!) – wodurch dann viele Verletzungen bei ernsthaft Partnersuchenden entstehen können. Diese "Tester", die gar nicht an einer echten Beziehung interessiert sind, lassen sich ihren Spaß oder ihre Neugierde gerne ein paar Euro kosten. Die Anzeigengebühren (oder die Briefmarke fürs Antworten) hält sie nicht davon ab, ihren zweifelhaften Absichten nachzugehen. Würde eine Anzeige 500.- Euro kosten, würden dieserart “Scheinsuchende” sicherlich eliminiert werden.

Wir kennen Berichte von Christen, die verschiedensten Arten von Belästigungen ausgesetzt waren. Obwohl man einen Kontakt wieder beenden wollte, ließ der andere dies nicht zu und belästigte weiterhin mit Telefonanrufen und unerwünschten “zufälligen” Treffen – bis hin zu psychischen Druckmitteln. Solcherart beziehungsgestörte Personen treiben – auch wenn sie bei manchen Schreibern nicht zum Erfolg kommen – ungehindert ihr Unwesen bei anderen Inserenten weiter. Eine Anzeigenredaktion hat kaum ein Mittel zur Hand, dies zu prüfen und zu unterbinden.

Auch unter Christen scheint Diskretion nicht selbstverständlich zu sein: der Briefverkehr und auch das Bild einer Person, die aufgrund einer Anzeige Kontakt aufgenommen hatte, wurde vom Gegenüber verbreitet, einmal sogar vervielfältigt.

Wir meinen: Nachteile und Gefahren bei Kontaktanzeigen werden meist unterschätzt und sind in Wirklichkeit enorm (wie auch die Kosten, wenn man zu den Anzeigengebühren noch den enormen Zeit- und Schreibaufwand der zahlreichen irrelevanten Zuschriften berücksichtigt)

Das heißt nicht, dass nicht auch gute, gesegnete Ehen durch Anzeigen zustande kommen können! So berichtet beispielsweise die Zeitschrift “family” von einem Fall, bei dem eine Frau nur drei Antworten bekam. Mit dem ersten Mann hatte sie sich getroffen, woraus aber nichts entstand. Mit dem zweiten sei sie seit Oktober 2000 verheiratet (“family” 3/01). Und beim christlichen Magazin “family” darf man davon ausgehen, dass hier nicht einfach Märchen aufgetischt werden.

Auf das Internet wollen wir hier nicht im Besonderen eingehen, denn für die Anzeigen, die über Internetdateien oder über “Pinwände” geschaltet werden (allerdings meist viel günstiger was die Anzeigengebühren – aber nicht den Folgeaufwand! – betrifft; manchmal auch kostenlos) gelten im Prinzip dieselben aufgeführten Vor- und Nachteile. Eine internationale Plattform für Christen, sich via Internet kennen zu lernen, bietet (ab 2003): **www.friends-magazin.de**, unter “friends for life-international”)

Vor allem verliert man sehr viel Zeit. Wie lange versuchen doch Partnersuchende vergeblich, ein geeignetes Gegenüber über Zeitschriften oder Internet zu finden! Wertvolle Monate oder gar Jahre gehen dabei verloren. Und das ist wohl das Traurigste an dieser Art von Partnersuche: dass die investierte Zeit und die Hoffnungen viel zu groß waren gegenüber den tatsächlichen Möglichkeiten. Der ausbleibende Erfolg lehrt einem dann zwar, dass diese Wege der Partnersuche nicht sehr effektiv sind, doch dann hat man bereits kostbare Zeit vergeudet. Wer auf den Weg von Kontaktanzeigen in Magazinen oder übers Internet nicht verzichten möchte, sollte diesen Weg nicht ausschließlich gehen, sondern sich gleichzeitig auch nach besseren Möglichkeiten umsehen.

“Elieser-Dienste” und andere Partnervermittlungen

Konfessionelle und innergemeindliche “Elieser-Dienste” gibt es wohl schon seit Abrahams Zeiten. Manche Kirchen und Gemeinden hatten es sich auch immer wieder zur Aufgabe gemacht, alleinstehenden Gemeindegliedern praktische Hilfe zu geben und sich um die Vermittlung von Gleichgesinnten zu bemühen.

Vorteilhaft hierbei ist auch der Umstand, dass keine spontane, reizbetonte Beziehung begonnen wird, sondern dass sich zwei Menschen ernsthaft und zielgerichtet Zeit nehmen, sich wirklich kennenzulernen. Die Erfahrung zeigt, dass solche Beziehungen eine verhältnismäßig hohe Stabilität aufweisen und – aufgrund der “objektiveren Prüfung” – von fundierter Harmonie und besserer gegenseitiger Übereinstimmung gekennzeichnet sind.

Soweit so gut, denken Sie jetzt sicherlich, aber...!!! Und Sie haben recht mit Ihrem “Aber”. Bei dieser Art der Partnersuche begegnen wir nämlich dem sehr traurigen Umstand, dass die meisten professionellen Vermittlungsinstitute weder seriös noch effektiv noch erfolgreich sind. Dazu unverschämt teuer (bis zu 10´000.- Euro!) Nach einer Studie, die im Auftrag eines Genfer Soziologen in Deutschland, Frankreich und der Schweiz durchgeführt wurde, arbeiten “über 80% aller Partnervermittlungsinstitute unseriös” (Zitat; Pflimlin, Mannheim). Dabei hat man neben anderen “Tricks” bezahlte, attraktive Leute im Dienst, die sich als “partnersuchend” ausgeben und sich von Agentur-Mitgliedern zum Essen einladen lassen - um dann (nach der Erkenntnis: “Sie sind nicht mein Typ”) die “Vermittlungsgebühren” von oft weit über 3000.- Euro einzustreichen, ohne dass jemals auch nur eine geringe Chance für eine erfolgreiche Vermittlung bestanden hatte.

Deshalb halten sich die meisten Institute auch “verdeckt”: vor allem was die Zahl Ihrer Mitglieder betrifft; denn: Mitgliederzahlen (von aktiv! Partnersuchenden) unter 1500 weisen statistisch auf eine Möglichkeit von nahezu Null hin, einen geeigneten Partner vermitteln zu können. Auch wenn solch ein “kleines Institut” vielleicht günstig seine Dienste anbietet: wenn von vornherein ziemlich klar ist, dass überhaupt keine realen Chancen einer geeigneten Vermittlung bestehen, sind 250.- Euro bereits zu viel!

Doch auch die Größe garantiert keine Seriosität. Die größte säkulare Partnervermittlung dürfte VIP sein. Wir erwähnen hier der Einfachheit halber Gegebenheiten aus dem Buch "Betrogene Gefühle" von C. Elsner, die sich sehr eingehend mit diesem Institut auseinandergesetzt hat und auf Menschen hinweist *"deren finanzielle Existenz bedroht ist, weil sie einen Vertrag mit VIP unterschrieben haben. Und die gepfändet werden über Jahre – mit einer Endabrechnung um 12000.- Mark (6000.- Euro). Für nichts und wieder nichts, weil sie von vornherein nicht zu vermitteln waren. Welche Frau hat als Wunschpartner einen Alkoholiker, der auf zwölf Quadratmetern lebt, ohne Toilette, ohne Bad. In dessen Zimmer nur ein Eisenbett steht und Bierkästen?..."*

Natürlich sollten bei christlichen Vermittlungsinstituten keine solchen Mitglieder auftauchen und ebenfalls keine Gebühren über 1000.- Euro entstehen. Doch auch hier gibt´s ein Aber:

Nicht alles, was sich "christlich" nennt verdient auch dieses Attribut. Hinter mancher "christlichen" Ehevermittlungs-Agentur verbirgt sich ein genauso unseriöses Treiben wie in vielen säkularen Partnervermittlungen, und die Betreiber scheren sich einen Dreck um christlich-ethische Überzeugungen und Grundsätze wie Aufrichtigkeit, Offenheit, Ehrlichkeit oder Transparenz.

Die erste christliche Partnervermittlung, die vom BvP – Bundesverband für Partnervermittler in Europa e.V. eine Auszeichnung für seriöses und professionelles Arbeiten bekam ist der christliche Partnerschaftsdienst integra (inzwischen als cpd-integra vereinigt mit dem cpd).

Der cpd (Christlicher Partnerschafts-Dienst) war die erste überregionale und überkonfessionelle christliche Partnervermittlung, die ausschließlich überzeugte Christen angesprochen hat und im Jahre 1985 in der Schweiz, ursprünglich als gemeinnütziger Verein, gegründet wurde.

Die Gründer hatten jahrelange Erfahrungen in der Eheberatung und das Ziel, dass gesunde christliche Ehen und Partnerschaften entstehen und gefördert werden.
Der praktische “Erfolg” des cpd war derart groß, dass es bald weiterer Mitarbeiter bedurfte, um die Vermittlungsarbeit zu bewältigen.

So hat sich der cpd im Lauf der Jahre stark ausgeweitet. Andere christliche Partnervermittlungen schlossen sich dem cpd an, um ihren Teilnehmern besser und günstiger dienen zu können: zum Beispiel die größte österreichische christliche Partnervermittlung Unitate oder das schweizerische christliche Partnervermittlungsinstitut Vanessa.

Auch Qualität und Effektivität nahmen zu, so dass auch größere Büroräumlichkeiten nötig wurden (seit 1998 befindet sich die Vermittlungszentrale in Württemberg/ Süddeutschland).
Heute bietet der cpd (mit mehreren kompetenten Voll- oder Teilzeitmitarbeitern und über 5000 Mitgliedern) eine sehr diskrete Möglichkeit, dass sich zwei alleinstehende Christen ungezwungen, natürlich und vor allem zielgerichtet kennen lernen können.

Nach wie vor arbeitet der cpd nicht gewinnorientiert (die Teilnahmegebühren, die lediglich die laufenden Kosten decken sollen, betragen nur ein Fünftel der sonst üblichen Vermittlungsgebühren). Es werden nur christlich gesinnte Mitglieder aufgenommen, was von vornherein die Art der Teilnehmer positiv einschränkt.

Inzwischen haben bereits über 1600(!) Christen geheiratet, die ihren Ehepartner durch den cpd gefunden haben.

In über 30 Städten (von Hamburg, Berlin, Dortmund über Wien oder Salzburg bis nach Bern, Chur oder Basel) sind auch regionale cpd-Beratungsstellen entstanden, die nicht nur für Fragen von Interessenten zur Verfügung stehen, sondern manchmal sogar mit einer konkreten christlichen Single-Arbeit (in Zusammenarbeit mit der CSI – Christlichen Single-Initiative) vor Ort gekoppelt sind. Zur CSI weiter unten noch einige Informationen.

Regionale Adressen erhalten Sie über die CSI – Christliche Single-Initiative (Homepage: www.gemeinsamchrist.de) oder beim cpd, wo Sie alle Regionalberatungen auf der Homepage abrufen können: www. cpdienst.de

Die Berichte und Zeugnisse dieser zahlreichen Ehepaare (auch in etlichen christlichen Zeitschriften, Fernseh- und Radiosendungen veröffentlicht) legen eindrücklich Zeugnis davon ab, wie Gott den cpd gebraucht, um Ehepaare zusammenzuführen. Durch bemerkenswerte Radio- und auch Fernsehsendungen im BTV, dem österreichischen K-TV oder dem ORB wurde inzwischen auch die säkulare Welt auf den cpd aufmerksam, die sich mit gezielten Fragen über diese außergwöhnliche Partnervermittlung informiert, denn der cpd

a) kann Hunderte erfolgreich vermittelte Paare vorweisen – bei über 30% mit einer Veröffentlichungs-Genehmigung von Bild, Wohnort oder sogar persönlichem Bericht.
b) hat nachweislich über 5000 partnersuchende christliche Mitglieder
c) hat eine transparente Gebührenkalkulation, die auf Selbstkostenbasis errechnet ist (daher die günstigen Gebühren) – also von vornherein auch keine Gefahr wie bei VIP.

Und diese Punkte sind auch für die säkulare Welt auffallend und außergewöhnlich!

Inzwischen ist der cpd die größte europäische, rein christliche Partnervermittlung, durch die Monat für Monat durchschnittlich 16 Teilnehmer heiraten.*

* Kostenloses Informationsmaterial können Sie unverbindlich unter dem Stichwort "info 02" anfordern bei:
cpd, Glockwiesenstr. 5, D-75217 Birkenfeld
(Tel. 07231/472164, Fax: 07231/472163
oder eMail: **info@cpdienst.de**)
Homepage: **www.cpdienst.de**

Tipps zu Partnervermittlungen

Zuerst einige Gedanken zu den Gebühren: Zugegeben, die Anzeigenwerbekosten für Partnervermittlungen sind enorm. Und seriöse Partnervermittlungen, die gründlich werben, sehen sich oftmals mit Recht außerstande, Vermittlungsgebühren unter 2500.- Euro zu kalkulieren. Das wäre ja auch nicht viel für einen "passenden" Ehepartner, wenn... ja wenn man überhaupt jemand Seriösen kennenlernen würde!
Bei den Gebühren sollte man unterscheiden, ob es sich um eine stark überregional arbeitende Partnervermittlung ohne persönliche, direkte Betreuung durch ein örtliches Büro handelt (Korrespondenzsystem) oder um eine mehr regional orientierte Agentur, bei der durch die persönlichen Gespräche und Beratungen vor Ort weitaus höhere Kosten entstehen.

Eine seriös arbeitende überregionale Partnervermittlung wird ständige Anzeigenwerbung durchführen. Diese ist absolut notwendig, damit der Mitgliederkreis umfangreich und damit effektiv bleibt. Sie wird auch fähige Mitarbeiter mit einer entsprechenden Gesinnung angestellt haben. "Hobbyvermittler", die ihre Arbeit nur "nebenbei" erledigen oder Tipisten, die nur ein Computerprogramm bedienen, sind ebenso wenig zielorientierte Partnervermittler wie ein Ein-Mann-Betrieb, bei dem der Partnervermittler auch "Mädchen für alles" sein möchte. Beide werden kaum effektiv und erfolgreich arbeiten können.

Bei einer seriös arbeitenden säkularen Partnervermittlung, die sich beispielsweise über Jahre hinweg für Sie engagiert, würden Sie realistischerweise zwischen 2500.- und 3500.- Euro an Gesamtgebühren entrichten müssen.

Besonders vorteilhaft ist es, wenn eine Partnervermittlung zwischen Teilnahmegebühren und Erfolgsgebühren unterscheidet, wobei die Erfolgsgebühren nur fällig werden, wenn es zur verbindlichen Partnerschaft, also zur Verlobung oder Hochzeit kommt. Wenn eine Partnervermittlung dagegen mit dem Hinweis "ohne Erfolgshonorar" wirbt, dann mag dies zwar gut klingen, in der Praxis heißt das jedoch: die Partnervermittlung lebt "nur" von den Teilnahme-gebühren, völlig egal, ob die Bemühungen tatsächlich zu einer Ehe führen oder nicht. Hat jedoch eine Partnervermittlung Erfolgshonorare mit einkalkuliert, hat sie sich unter einen gesunden Druck gebracht, wirklich engagierte, gezielte und vielversprechende Kontaktvorschläge zu unterbreiten: es sollen sich ja (auch wirtschaftlich gesehen) "passende" Mitglieder kennenlernen und nicht nur Teilnehmer mit irgendwelchen "Kontaktaufnahmen" zufriedengestellt werden. Aus diesem Grund sollte man sich sogar bei völlig gleichen Teilnahmegebühren für jene Partnervermittlung entscheiden, die zusätzlich noch ein Erfolgshonorar bei Eheschließung verlangt.

Für den Dschungel der Partnervermittlungen möchten wir zum Schluss noch folgende 10 Anhaltspunkte als Empfehlung weitergeben:

1. Wenden Sie sich nur an eine *christliche* Partnervermittlung. In einer allgemeinen werden Sie kaum wirkliche Christen als Partnersuchende kennenlernen. Manche Partnervermittler sind selbst überhaupt keine überzeugten Christen, sondern verwenden das Attribut "christlich" unseriöserweise nur aus werbetechnischen Gründen.

2. Fragen Sie bei einer christlichen Partnervermittlung nach den bisherigen "Erfolgen": Lassen Sie sich Berichte und Hochzeitsbilder mit Namen und Adresse vorlegen, damit Sie prüfen können, ob die Partnervermittlung tatsächlich "erfolgreich" arbeitet. Einer christlichen Partnervermittlung, die sagen würde: "wir haben viel Erfolge, aber wir dürfen die nicht zeigen..." würden wir unser Vertrauen nicht schenken. Erfolgreich vermittelte Paare sind in der Regel sehr froh und dankbar für die Vermittlungsdienste und viele davon (wenn auch nicht alle) gerne bereit, entsprechende Zeugnisse abzulegen.
3. "Selbstgebastelte" Prospekte weisen auf "selbstgebastelte" Bemühungen irgendwelcher "Vermittler" hin, die sich vielleicht einen lukrativen Nebenjob aufbauen möchten. Ein niveauvolles "Out-Fit" sollte jedoch unbedingt mit einem entsprechend hohen Teilnehmerkreis von noch nicht vermittelten Teilnehmern oder direkten Interessenten gekoppelt sein (z.B. Anzahl Rundbriefversand – sollte über Zehntausend liegen), damit man die Gewähr hat, dass die Auswahlchancen hoch sind. Ist dies nicht der Fall, werden Sie auch bei geringen Gebühren nach einigen Monaten vermutlich sagen müssen: "kostbare Zeit vertan, und außer Spesen nichts gewesen".
4. Erkundigen Sie sich, wie lange die Partnervermittlung schon existiert. Es entstehen auch immer wieder "neue christliche" Vermittlungen – und nach einer gewissen Zeit existieren sie nicht mehr (wieviel seelisch und wirtschaftlich enttäuschte Mitglieder sie wohl dabei zurücklassen...?)
5. Erkundigen Sie sich nach der Anzahl der Teilnehmer. Eine Mitgliederzahl unter 1500 aktiv Partnersuchenden ist kaum geeignet, dem einzelnen statistisch gesehen eine reelle Chance zu bieten, den geeigneten Ehepartner zu finden.
6. Beachten Sie, ob die Partnervermittlung auch ehrlich zu ihren Schwierigkeiten steht (schwerer vermittelbar sind z.B. ältere Damen) oder ob sie generell Versprechungen

macht(ein “Versprechen auf Erfolg” sollten Sie grundsätzlich als unseriöses Kriterium werten!)

7. Prüfen Sie, ob das Preis-/Leistungsverhältnis realistisch ist, d.h. misstrauen Sie Gebührenforderungen über 4000.- Euro und misstrauen Sie ebenso sehr günstigen Gesamtgebühren von vielleicht nur 100.- bis 200.- Euro. Oder würden Sie einen Gebrauchtwagen kaufen, der angeblich “unfallfrei, nur 4000 km drauf hat, in tadellosem Zustand 180 km/h fährt” und nur 200.- Euro kosten soll? Man sollte damit nicht einmal probefahren! So sind auch die angebotenen supergünstigen Vermittlungsbemühungen” (nicht die Mitglieder!) zu sehen.
8. Vorsicht bei “Monats-Beiträgen”. Natürlich ist es werbewirksamer, niedrige Monats-Beiträge anzubieten, da seriöse Partnersuche aber keine “Kontakt-Börse” ist, braucht dies Zeit: Zeit zum Kennenlernen, Zeit zum Prüfen, Zeit zum Beten, Zeit um Harmonie zu erleben. Nehmen Sie sich auch den finanziellen Druck, indem Sie von vornherein mindestens Zwei-Jahres Vereinbarungen abschließen. (In den meisten Fällen erweisen sich diese sowieso als die günstigeren.) Lassen Sie sich von einer christlichen Partnervermittlung auch die Kalkulation der Teilnahmegebühren geben. Wird Ihnen dieser Wunsch nicht erfüllt – meiden Sie diese Partnervermittlung!
9. Erkundigen Sie sich, ob die christliche Partnervermittlung auch in der christlichen Öffentlichkeit transparent ist. Werden Tagungen, Vorträge oder Seminare veranstaltet? Kann man die Verantwortlichen oder Mitarbeiter dabei persönlich kennenlernen? Kennt man ihre Namen? Sieht die Partnervermittlung mehr nach einer “Privatinitiative Einzelner” aus oder gibt es einen Trägerkreis, zu dem mehrere “gestandene” und bewährte Christen gehören?
10. Wenn diese 9 Punkte gegeben sind und Sie den Eindruck haben, es wird sich ein Team seriöser Christen für Sie bemühen – dann können Sie sich bei solch einer christlichen Partnervermittlung getrost anmelden. Sie können dadurch auch zur inneren Ruhe kommen, in der

Gewissheit, nun eigenverantwortlich, praktische Schritte getan zu haben, die weit über Ihre eigenen Möglichkeiten hinausgehen.

Statistiken kontra Vertrauen?

Manchmal bekommen wir bezüglich unserer statistischen Hinweise zur Antwort, dass “ein guter Christ nicht der Statistik sondern einem wunderwirkenden Gott vertraut”. Übersehen wird dabei, dass sich das Vertrauen auf einen allmächtigen Gott, “der Wunder tun kann” und statistische Überlegungen nicht ausschließen.

Wir leben in einer von Gott geschaffenen Welt, in die unser Schöpfer nicht nur Naturgesetze hineingegeben hat, sondern auch geistliche, soziologische, medizinische und psychologische Gesetzmäßigkeiten.

Wenn deshalb Versicherungen mit den Gesetzen der Wahrscheinlichkeit, mit Statistiken und ähnlichen Instrumenten rechnen, dann bedienen sie sich der Gesetzmäßigkeiten aus unseres Gottes Schöpfung. Und wie man weiß: diese Gesetzmäßigkeiten sind real, sind genauso Wirklichkeit wie die persönlichen, individuellen Führungen innerhalb dieser statistischen Gesetzmäßigkeiten.

Wenn also der ADAC aufgrund seiner Erfahrungen und Berechnungen davor warnt, dass am kommenden Samstag die A8 höchst staugefährdet ist (Reiseverkehr etc.), dann ist die Wahrscheinlichkeit sehr hoch, dass auch Sie im Stau stehen – auch als Christ! Natürlich kann Gott Sie in wunderbarer und außergewöhnlicher Weise trotzdem vor all diesen Widerwärtigkeiten verschonen. Doch wäre es ratsam, auf die “statistischen Warnungen” zu hören und im Vertrauen auf Gott entsprechende praktische Konsequenzen zu ziehen.

Nehmen wir einmal an, Ihre Gruppe möchte einen Vortragsabend veranstalten, zu dem sie 50 Teilnehmer erwarten. Warum drucken Sie nun nicht (kostensparend) genau 50 Einladungen und beten dafür, dass diese genau so verteilt werden, dass nur jene Personen eine bekommen, die dann auch tatsächlich zu diesem Vortrag kommen? Wäre doch kein Problem für Gott, nicht wahr?! Aber nein, Sie wissen, dass Gott nicht automatisch zu Diensten steht, um natürliche Gesetzmäßigkeiten oder statistische Gegebenheiten zu durchbrechen. Sie werden sicherlich viel mehr Einladungen drucken lassen und verteilen – und nun Gott bitten, dass er die entsprechenden Leute schickt; denn Gott wirkt individuell innerhalb der statistischen Gesetzmäßigkeiten.

So werden Sie sich aufgrund medizinischer Gesetzmäßigkeiten aller Wahrscheinlichkeit nach eine Erkältung holen, wenn Sie bei nasskaltem Wetter mit feuchten Haaren und offenem Fenster Auto fahren. – Trotzdem kann es geschehen, dass Sie heil davon kommen! Doch soll das ein "gesundes Gottvertrauen" sein, diese Gesetzmäßigkeiten zugunsten individueller, vorteilhafter Führung zu missachten?

So kann es auch sein, dass Sie ausgerechnet an dem Tag und zu derselben Stunde, an dem Sie im 5. Waggon eines Intercity-Zuges nach Hamburg sitzen, genau im gleichen Abteil eine Person treffen, die "zufällig" gerade ein christliches Buch in der Hand hält. Und es könnte sein, dass diese Person gleichzeitig auch noch dem anderen Geschlecht angehört, ein ähnliches Alter, eine passende Körpergröße und ein ähnliches Kommunikationsniveau besitzt. Ja, darüberhinaus könnte es sein, dass Sie sich beide mögen, bereit sind, sich kennzulernen, weil Sie gerade partnersuchend sind. Wunderbar! Wir freuen uns mit Ihnen!

Trotzdem möchten wir sagen: diese Situation ist eher unwahrscheinlich – obwohl es solche Erfahrungen gibt (und diese dann noch sehr ausführlich in Büchern beschrieben werden). Doch für uns gleichen diese Beispiele dem oben erwähnten jungen Mann, der mit feuchten Haaren und offenen Fenstern Auto fährt und sich dabei nie erkältet... Wir würden diesem jungen Mann raten, lieber gewisse Gesetzmäßigkeiten zu beachten, statt seine individuellen Erfahrungen als Vorbild und Beispiel für andere hinzustellen. Genauso würden wir Ihnen raten, auf die statistischen Gesetzmäßigkeiten zu achten, wenn es um die Möglichkeiten geht, einen geeigneten Partner kennenzulernen. Gottes Führung wird trotzdem individuell sein. Das eine schließt das andere nicht aus.

An dieser Stelle dürften sicherlich auch die Ergebnisse der Befragungen von P. Schiller interessant sein. Demnach käme es bei Kontaktanzeigen erst nach 38 direkten (!) Begegnungen (also persönlichen Begegnungen, nachdem man vorher brieflich aufgrund der Kontaktanzeigen miteinander in Verbindung getreten ist) zu einer verbindlichen Beziehung. Die meisten Kontaktaufnahmen über Anzeigen führen jedoch nicht einmal zu einer direkten, persönlichen Begegnung! Nach Schiller würden jedoch die meisten Partnersuchenden ihre Anzeigen vorher einstellen. Lediglich ein paar wenige, ganz hartnäckige, kämen überhaupt auf eine so hohe Zahl von persönlichen Begegnungen aufgrund von Anzeigenkontakten.

So wären dagegen bei Partnervermittlungen, die gezielte Kontakte ermöglichen, durchschnittlich nur ein Dutzend direkte Begegnungen nötig, um den Partner fürs Leben zu finden. Diese Kontaktvorschläge müssten jedoch tatsächlich gezielt sein und müssten beidseitiges Einverständnis voraussetzen (nachdem man auch ein Bild des Gegenübers vorher zu Gesicht bekam), um sich erst dann beidseitig für eine Kontaktaufnahme zu entscheiden. (Viele Institute geben nämlich nur Adressen weiter – man hat wenig Ahnung vom Gegenüber und kann sich erst beim persönlichen Treffen überhaupt ein "Bild" machen. Diese Art und Weise hat natürlich nichts mit “gezielten Vorschlägen” zu tun.) Partnervermittlungen, die einen Pool mit weniger als tausend Mitglieder hätten, wären daher praktisch kaum in der Lage auch nur drei bis vier gezielte Kontaktvorschläge zu offerieren.

“Ich will lieber Gott vertrauen...”

Eine indische (Nach-)Erzählung schildert einen Mann, der während einer großen Überschwemmung einsam auf dem Stroh-Dach seiner Hütte saß, um Gottes Hilfe betete und vertrauensvoll darauf wartete.
Da schwamm ein kräftiger Baumstamm an ihm vorbei, der ihn hätte tragen können.
“Nein”, sagte sich der Inder, “ich bleibe hier sitzen und will lieber auf Gottes Hilfe warten.” Er betete und wartete weiter.
Plötzlich vernahm er die Rufe aus einem fast überfüllten Schlauchboot: “Komm schnell, spring ins Wasser, wir können dich ins Boot ziehen und auch noch mitnehmen! Das Boot wird dich noch mittragen!”
Ins Wasser springen? Sich herausziehen lassen? Zwischen den anderen eingekeilt sein?
“Nein, danke!” erwiderte der Inder, und mit feierlicher Stimme fügte er hinzu: “ich will lieber Gott vertrauen und auf seine Hilfe warten!”
Dann war es still.
Während der Nacht stürzte seine Hütte in sich zusammen, und der Inder ertrank in den Fluten.
Als er vor dem lebendigen Gott stand, beschwerte sich der Inder: “Gott, ich habe dir vertraut, warum hast du mir nicht geholfen?!”
“Du unvernünftiger Mensch”, bekam der Inder zur Antwort, “nachdem du den kräftigen Baumstamm verschmäht hast, den ich an dir vorüberschickte, hattest du bereits meine Hilfe abgewiesen. In meiner Langmut ließ ich noch ein Schlauchboot in deiner Nähe vorbeischwimmen, ließ dich sogar durch menschliche Stimmen rufen. Aber auch das hast

du abgelehnt und dadurch meine Hilfe verschmäht. Also, beklage dich jetzt nicht, dass es nach diesen verschmähten Angeboten keine weiteren mehr gab."

Vielleicht sollte sich manch ein Partnersuchender ebenfalls neu überlegen, ob er – aus welchen Gründen auch immer – Hilfen Gottes verschmäht, weil er sie entweder nicht als solche wahrnimmt oder sie fälschlicherweise in Konkurrenz zu "echtem Vertrauen" sieht.

Single-Kreise und Single-Tage

Den Bekanntenkreis durch Single-Kreise und -Tage zu erweitern ist sicherlich eine empfehlenswerte Sache. Allerdings sollten wir uns dabei bewusst sein, dass die Möglichkeiten, dabei einen geeigneten Partner zu finden, statistisch gesehen doch eher gering sind, denn die meisten anderen Teilnehmer werden nicht einmal zu meinen grundsätzlichen Kriterien passen. Vorteilhaft ist jedoch, dass christliche Single-Kreise und -Tage allein durch die Themenstellung den Kreis der Interessenten eingrenzen. Zumindest lernt man vor allem andere überzeugte Christen kennen, was ja bereits einen sehr wesentlichen Aspekt meiner Erwartung erfüllt. Doch wieviele christliche Partnersuchende lerne ich dabei kennen, die andere wichtige Kriterien auch nur teilweise erfüllen? Verhältnismäßig wenig, nicht wahr?!

Gerade hier tritt dann oft das Ungleichgewicht zwischen reiferen christlichen Frauen und die sich in der Minderheit befindenden gläubigen Männer zu Tage. M. Büsching berichtet in der Zeitschrift "Die Gemeinde" (xxx/02) vom großen "Bundestreffen für Singles" in Cuxhaven im Jahre 1999, wo stattliche 300 Teilnehmer zugegen waren – 20 davon Männer, 280 davon Frauen...

Es gibt Freizeitangebote für christliche Singles, die diesen Aspekt besonders beachten und beispielsweise nur Damen und Herren in ähnlichem Alter – und auch zahlenmäßig ausgewogen – einladen, bzw. die Anmeldungen dementsprechend aussuchen und steuern. So veranstaltete beispielsweise die cpd-Regionalberaterin aus Dortmund, Roswitha Muhs, eine Skifreizeit in der Schweiz, an der (durch bewusste "Anmelde-Steuerung") gleichviel Männer wie Frauen teilnahmen. Für die meisten eine "super Silvester-Freizeit".

Die CSI-Christliche Single-Initiative

Wenn wir über Single-Kreise sprechen, dann möchten wir vor allem noch auf die CSI – Christliche Single-Initiative – hinweisen, die jedoch keine Unterstützung bei der Partnersuche oder -vermittlung anstrebt, sondern besonderen Wert darauf legt, dass Freundschaften, die in sich selbst wertvoll sind! (also nicht nur jene, die zu einer Ehe führen sollen) ein gemeinsames Ziel und gemeinsame Anliegen vor Augen haben sollten. Aber vielleicht ist das gerade das Geheimnis eines gut funktionierenden und motivierenden Single-Kreises: da wird nicht jeder "Neue" gleich gemustert, ob er als potentieller Ehepartner in Frage kommt (und man somit sofort und völlig das Interesse an ihm verliert), sondern da geht es zuerst um Beziehung, zwischenmenschliche Begegnung und gemeinsame sinnvolle Aktionen.

Nachfolgend daher Auszüge aus einem Interview mit dem "Objekt-Berater" der CSI, Herrn Prof. Dr. T. Schimmel *(Lehrstuhl für Physik an der Universität Karlsruhe)*, das im Magazin "friends for life" erschienen ist:

Sie engagieren sich bei der CSI-Christlichen Single-Initiative. Warum?
Weil das für mich im Alltag gelebter Glaube ist. Gerade als Alleinstehender, als sogenannter Single, ist es ratsam, Gemein-schaft mit anderen zu suchen, um Leben und Glauben miteinander teilen zu können.

Was sind die Ziele der CSI?
Als Christliche Single-Initiative wollen wir besonders Singles helfen, Gemeinschaft zu finden und sie zum ganz praktischen, im Alltag gelebten Glauben ermutigen.

Wie werden diese Ziele erreicht?
Es sollen vor allem christliche Single-Gruppen, -Gesprächskreise und -Hauskreise in ihrer Arbeit gefördert werden. Zur Gründung solcher örtlichen Gruppen wollen wir ermutigen.

Was ist die Aufgabe dieser örtlichen Single-Kreise?
Solche Kreise und Gruppen ermöglichen es, Leben und Glauben ein Stück weit miteinander zu teilen. Sie stellen den Raum dar für gemeinsame Unternehmungen, für offene Gespräche auch über zentrale Lebensfragen und darüber, was Glaube praktisch bedeutet.

Und wie versucht die CSI, diese Ziele praktisch zu verwirklichen?
Durch Ermutigung und auch praktische Hilfestellungen. Hier gibt es schon viele gute Beispiele praktischer Umsetzung, die für neugegründete Gruppen eine Hilfe sein können. Die Rolle der CSI ist es unter anderem, diese Arbeit durch Tagungen, Seminare, Kurse oder auch Freizeiten zu unterstützen. Auch regionale und überregionale Treffen und "Single-Tage" zu bestimmten Themen sowie der Austausch von Informationen können hier wertvolle Hilfen sein.

Vielen Dank für das Gespräch.

Kontaktadresse: Christliche Single-Initiative, Postfach 1103, 68790 Oberhausen
Homepage: **www.gemeinsamchrist.de/csi**

Hinweis: ***Themen, die Beziehungen fördern!***
2x jährlich können Sie kostenlos das "*friends for life*"-Infoheft erhalten!
Interessante Berichte und Beiträge für Singles und Paare, Neuigkeiten und Terminhinweise...

Bitte nur bestellen, falls Ihnen noch kein "friends for life"-Magazin zugesandt wurde (denn in diesem Fall erhalten Sie das nächste Heft automatisch!) Ansonsten lassen Sie sich völlig kostenlos und unverbindlich in das Verteilernetz eintragen:
eMail: **info@friends-magazin.de**

oder schriftlich:
"*friends for life*", Baumgartenstr. 44, D-75217 Birkenfeld
"*friends for life*", Sophie-Guyer-Str. 7, CH-8330 Pfäffikon
"*friends for life*", Kehlegg 149, A-6850 Dornbirn
Homepage: **www.friends-magazin.de**

Vorsicht: Abzocker unterwegs!
(Warnung des BfP-Bundesverbands)

Jeder 3. Partnersuchende der schon einmal eine Vermittlung in Anspruch genommen hat, klagt darüber, sein Geld verloren zu haben und letztlich ohne Partner dazustehn.
Fragt man Partnersuchende, woran es gelegen hat, dass die Vermittlung nicht erfolgreich verlaufen war, hört man eigentlich immer wieder dieselben Punkte:

- Falsche Zusagen und Versprechungen bei Vertragsabschluss (z.B. Erfolgsgarantie)
- Honorare bis zu 6000.- Euro und mehr – für 5 Vermittlungsvorschläge (Sendung: Spiegel TV vom 26.08.2001).
- Lockvogelinserate – Inserate mit Bildern von Personen, die man nie kennenlernen wird.
- Schein-Verabredungen – Partnervorschläge wurden durch Personen abgeleistet, die in zahlreichen Fällen von Partnerinstituten selbst bezahlt wurden, um sich mit Partnersuchenden zu treffen. Oder:
- Es wurden einfach irgendwelche Adressen von Personen weitergegeben, die sich für den Partnersuchenden als völlig nutzlos erwiesen.
- Auch die vielfältig kostenlose Aufnahme von Frauen, wird gern durch unseriöse Vermittler so betrieben, dass diese Frauen im wahrsten Sinne des Wortes „verbrannt" werden. Den Frauen sagt man natürlich das Gegenteil, doch auf ihre Wünsche und Vorstellungen wird nicht eingegangen, sie dienen diesen unseriösen Vermittlern als Lückenfüller und Alibi gegenüber den männlichen, zahlenden Kunden.

Ich könnte noch weitere Punkte unseriöser Arbeitsweisen nennen.

Auch Partnersuche über Chiffreanzeigen, speziell arrangierte Single-Treffs oder Single-Fahrten können mit einer seriösen Partnervermittlung auf keinen Fall verglichen werden.
Viele Partnersuchende chaten stundenlang im Internet, senden eMails und freuen sich auf eine Antwort.
Bei dieser Art Partnersuche wird aus einem Aschenputtel oft eine Prinzessin und aus dem kleinen, dicken Untersetzten der große schlanke Traumprinz.
Wehe, wenn es zu einem Treffen kommt, dann ist die Enttäuschung meist sehr groß.
Viele verlieren kostbare Lebenszeit und geraten unmerklich in eine immer größere Isolation, verlieren das Vertrauen in die eigene Person und die Hoffnung überhaupt noch einen passenden Partner zu finden.

> Da die seriöse, kompetente Partnervermittlung die beste Gewähr für einen möglichen Erfolg bietet, ist der Bundesverband für Partnervermittler in Europa e.V. darum bemüht, durch gezielte Aufklärung Partnersuchende gegenüber unseriösen Vermittlern zu sensibilisieren, und nur solche Partnervermittler in den Bundesverband aufzunehmen, die seriös arbeiten und die ethischen Richtlinien und Normen erfüllen.
> Einige wenige erhalten darüberhinaus für eine besonders effektive und seriöse Arbeit eine Auszeichnung.

Aufgrund der Erfahrungen mit Hunderten von Partnervermittlungs-Instituten möchte ich folgende Punkte erwähnen, worauf Sie achten sollten:

1. Manche Partnervermittler wollen Sie dazu überreden, sofort nach Vertragsabschluss mit Ihnen zur Bank zu fahren, um die Gebühren gleich in Empfang zu nehmen. Seriöse Partnervermittler geben Ihnen dagegen die Möglichkeit, den Betrag innerhalb einer bestimmten Zeit per Überweisung oder Scheck an sie zu zahlen.
2. Seriöse Partnervermittler verlangen von Ihnen nach Vertragsabschluss keine Einzugsermächtigung (automatische Abbuchungen!)
3. Lesen Sie Anzeigen genau! Keine Partnervermittlung und kein Heiratsinstitut darf sich hinter Chiffre-Anzeige verstecken oder nur mit einer Telefonnummer inserieren.
4. Vorsicht bei der "0190er Falle". Hier zahlen Sie in der Regel 1,83 Euro/Minute. Mit seriöser Partnervermittlung hat dies sicherlich nichts zu tun, da Sie die Damen und Herren nie persönlich treffen werden.
5. Vorgespräche (ausführliche Informationen) müssen kostenlossein.
6. Partnervermittler müssen die Kosten offen nennen. Es ist jedoch üblich, dass der Partnervermittler Vorkasse von Ihnen verlangt, bevor er mit seiner Vermittlungstätigkeit beginnt. Dies ist vom Gesetzgeber so geregelt.
7. Gehen Sie keine Kopplungsgeschäfte ein! Mit anderen Worten schließen Sie keinen Kreditvertrag ab. Auch keine Gehaltsabtretungen oder Wechsel unterschreiben.
8. Hausbesuche sind nur nach vorheriger Terminabsprache gestattet.
9. Anzeigen mit "Original-Foto" sind zweifelhaft, da das Foto zwar ein Original-Foto ist, aber sicherlich nicht von der beschriebenen Person. Gehen Sie grundsätzlich davon aus, dass die abgebildete Person für eine Vermittlung nicht zur Verfügung steht oder möchten Sie

Ihr Bild in der Zeitung sehen – wo bleibt da die Diskretion?

10. Besondere Vorsicht ist geboten, wenn Vermittler Ihnen eine kostenlose Vermittlung bzw. 2 oder 3 kostenlose Partnervorschläge anbieten. Kein seriöser Vermittler kann für Sie kostenlos arbeiten oder arbeiten Sie für Ihren Arbeitgeber ohne Bezahlung?
11. Seien Sie vorsichtig bei Katalogen oder Videofilmen, in denen die schönsten Damen und Herren abgebildet sind. Einen Lebenspartner können Sie nicht im Katalog bestellen. Partnervermittlung muss individuell auf Ihre Person abgestimmt sein. Kontaktvorschläge müssen individuell erstellt werden. Nur so können Sie sicher sein, dass Sie das Honorar für Ihre Partnersuche gut investiert haben. Kein seriöser Vermittler wird Partnersuchende in Katalogen vermarkten.
12. Erkundigen Sie sich, wie lange das Institut am Markt ist. Immer wieder kommen neue Partnervermittler auf den Markt, die gewaltige Werbeaussagen treffen. Obwohl Sie wenig oder gar keine Vermittlungserfahrung haben inserieren sie *"seriös, erfolgreich, preiswert"*. Auch verbergen sich manchmal hinter diesen Anzeigen Existenzgründer und Möchtegernvermittler, die von effektiver Partnervermittlung keine Ahnung haben.
13. Manche Partnervermittler benutzen auch das Wort "christlich" als Werbeslogan, genauso wie das Wort "erfolgreich". Doch wo sind die Belege dafür?! Diese Slogans entsprechen meist nicht der Realität und sagen auch nichts über eine seriöse Arbeitsweise aus.
14. Wenn Sie Zweifel haben: Erkundigen Sie sich beim Berufsverband für Partnervermittler in Europa e.V. über die Arbeitsweise bzw. die Seriosität der Partnervermittlung, bevor Sie sich ihr anvertrauen. (eMail: Vorstand@bvp-berufsverband.de)

Teil 3: Persönlichkeits-Barrieren und andere Hindernisse

"Herr, zeige mir,
welchen Weg ich einschlagen soll,
und lass mich erkennen, was du von mir willst!
Schritt für Schritt lass mich erfahren,
dass du zuverlässig bist.
Du bist der Gott, der mir hilft..."
(David in Psalm 25, 4+5)

Die faulen Früchte des Ego-Sex

Es war ein froher, schöner Samstagnachmittag gewesen. Dort beim Männerwochenende in einem fantastisch gelegenen Freizeitheim inmitten der Alpenwelt. Als die Sonne langsam hinter den Bergen versank, versammelten sich wieder rund 50 Männer im Vortragssaal: meist ledige und geschiedene Männer, auch verheiratete und ein Witwer gehörten dazu.. Mein Vortrag sollte die beiden Entwicklungsvarianten von Ego-Sex und Liebes-Sexualität aufzeigen.*

Nach dem Referat wurde der Wunsch nach kleineren, intimeren Gesprächsgruppen geäußert. Statt einer lebhaften Diskussion, wie ich erwartet und bisher erlebt hatte, herrschte beklemmende Stille, besser: Sprachlosigkeit.

Ein etwa 35jähriger Mann brach das Schweigen und meinte frustriert: "Wenn Liebes-Sexualität zur Beziehungsfähigkeit gehört, dann bin ich meilenweit davon entfernt." Wie nach einem Dammbruch wollten sich die zehn Anwesenden plötzlich auf einmal äußern. Grundtenor: Frust, Ängste, Hilflosigkeit, Resignation...

Es wurde sehr spät in dieser Nacht. Ein paar ledige Männer bekannten sogar, ihnen sei bewusst geworden, dass es die Folgen von Ego-Sex seien, die sie bisher daran hinderten, überhaupt eine Partnerschaft einzugehen, obwohl Wahlmöglichkeiten vorhanden gewesen wären. Eine dieser Folgen ist der Konsum von Pornografie...

An anderer Stelle habe ich ausführlich über eine erfüllende Sexualität geschrieben. Unter dem Aspekt "Hindernis für die Partnersuche" will ich nachfolgend lediglich ein paar stark gekürzte Gedankensplitter erwähnen:

Kennzeichen des Ego-Sex

Die Gesinnung des Ego-Sex geht von der rein biologischen Trieb-Auffassung aus, so wie Sexualität im Tierreich gekennzeichnet ist: man wird von einem Trieb gedrängt, der befriedigt werden will; man empfindet ein Verlangen, ein Bedürfnis, das erfüllt werden soll; man verspürt einen Hunger oder eine Lust, eine Sehnsucht, die gestillt werden will. Alles geht vom eigenen Verlangen aus. ICH sehne mich nach Befriedigung, deshalb muss MEIN Trieb gestillt werden. Daher der Begriff EGO-Sex.

Ego-Sex gehört eher zur Natur der Tierwelt, dort hat er seinen Platz. Dort sorgt dieser tierische Instinkt für die Erhaltung der Art. Ego-Sex fragt nicht nach dem Glück des andern, sucht nur die eigene Befriedigung, sieht Sexualität nur als Instrument an, um sich selbst Erleichterung zu verschaffen. Das ist jedoch eine völlig verkürzte Sicht von Sexualität, die in ihrer Kürze Wesentliches verzerrt und die Tür für eine ungesunde, destruktive Entwicklung öffnet.

Kennzeichen der Liebes-Sexualität

Für den Menschen hat sich der Schöpfer nämlich – von der Gesinnung her gesehen! – etwas anderes ausgedacht: da werden die “biologischen Werkzeuge” (die jenen des Tierreiches ähneln) auch als Möglichkeit gegeben, seine innere Liebes-Haltung einem anderen Menschen gegenüber deutlich (sexuell) zum Ausdruck zu bringen. Man versteht sich natürlich als sexuelles Wesen, das aber nicht im verkürzten Blick der Biologie stehenbleiben muss und will. Liebe will nämlich vom Ansatz her das Allerbeste für den andern. Echte Liebe will den andern fördern, ihn ermutigen, ihn beglücken. Er soll sich geliebt, angenommen, geachtet, wertgeschätzt wissen. Und genau das will Liebes-Sexualität ausdrücken. Nicht den andern ausnutzen, für eigene Zwecke benutzen oder missbrauchen, sondern ihm durch seine Sexualität zeigen, dass man ihn schätzt und gerne hat.

Dementsprechend sehen auch die Folgen aus: Liebes-Sexualität gewinnt mit den Jahren immer mehr an Qualität. Harmonie, Verständnis und vor allem eine tiefgehende seelische Befriedigung als Frucht der Liebes-Sexualität nehmen zu.

Die Folgen von Ego-Sex

Ego-Sex dagegen nutzt sich ab. Das ist ein tragischer Sachverhalt, den viele Zeitgenossen nicht erkannt haben und sich deshalb auf dem Weg in eine zerstörerische Sackgasse befinden.
Weil sich Ego-Sex abnutzt (fade und langweilig wird) braucht er mit der Zeit immer neue Stimmulationen. Dies kann durch wechselnde Partner versucht werden oder – wie es sehr häufig der Fall ist, und wie es viele der christlichen Männer auf dem eingangs erwähnten Männerwochenende mitgeteilt haben – durch Pornografie.

Pornografie wirkt wie ein Dopingmittel. Bei einer üblichen Konsum-Entwicklung genügt zu Beginn oft das vojeuristische Verhalten – allein vom Zuschauen entstehen sexuelle Erregungszustände, die meist zur Masturbation und nachfolgender sexueller Entspannung führen. Doch auch diese Phase "nutzt sich ab". Nun nimmt der Konsument in seiner Phantasie den Platz eines pornografischen Akteurs ein, fantasiert sich in die Rolle hinein, um wieder seine sexuelle Erregungszustände erreichen zu können. Dabei sinkt die Hemmschwelle, nach immer "härteren" Magazinen und Filmen zu greifen.

Diese Phase kann jahrelang andauern, doch langsam aber sicher wird der Wunsch nach realem Erleben gefüttert. Auch das sexuelle Empfinden wird durch das Gesehene geprägt.

Die Entwicklung hin zur “kalten Lust” nimmt ihren Lauf. Das Ende dieser Sackgasse ist oft die sexuelle Perversion. Da können nur noch Erregungszustände erklommen werden, indem man widernatürliche Praktiken ausübt.

Oftmals tritt vorher aber auch die Impotenz beim Ego-Sexuellen ein, neuzeitlich öfter als SLH-Syndrom bzeichnet (SLH=Sexuelle Lust-Hemmung). Mag man aktuellen Untersuchungen Glauben schenken, schwillt die Zahl von SLH betroffenen Menschen epedemieartig an. Kein Wunder: auch hier fordert der in Film und Fernsehen hochgepriesene Ego-Sex seinen Tribut!

Doch bereits in früheren Phasen des Pornokonsums wird nicht nur der Wunsch nach realem Erleben gefüttert, sondern auch die Fantasie des Betroffenen schwerwiegend belastet. Ehemänner, die vor der Ehe Pornografie konsumiert haben, werden plötzlich durch pornografische Bilder in ihrer Fantasie daran gehindert, sich indivduell, zärtlich und einzigartig auf ihre Ehefrau sexuell einzustellen. Pornografische Szenen werden zu Diktatoren im Gehirn, zu Fantasie-Ungeheuern, die versuchen, echte Liebes-Kreativität aufzufressen.

Für den ledigen Mann stellt sich ferner der Gedanke als belastend heraus: was würde eine eventuelle Freundin von mir halten, wenn sie erfahren würde, mit welchen Bilden ich mich füttere?! Manche schreckt dies grundsätzlich vor einer Beziehung ab!

Wie kann man einem Pornokonsumenten helfen?

1. Erheben Sie nicht den moralischen Zeigefinger, sondern bringen Sie dem Betroffenen rüber, dass er von Ihnen als Person völlig angenommen und wertgeachtet ist. Der Christ, der Pornos konsumiert, leidet selbst tiefgehend unter seinem Problem. Sie müssen ihm seine Not nicht

noch verschlimmern. Er weiss selbst, dass er sich auf einem falschen Weg befindet; es geht darum, ihm zu helfen, in dieser Sackgasse umzukehren und wieder herauszufinden.

2. Meines Erachtens besteht die Alternative nicht in einem alleinigen Nein zur Pornografie, sondern in einem Ja zur Liebes-Sexualität. Es geht nicht darum, sexuelle Wünsche (auch egoistische) zu verdrängen oder zu negieren. In allen Bereichen des menschlichen Lebens haben wir egoistische Tendenzen. So neigen wir auch im Bereich der Sexualtiät zur Ichbezogenheit. Dazu muss man sich stellen. Helfen Sie dem Pornokonsument ein Ja zur Realität seines Problems zu finden und offen darüber zu sprechen. Verdeutlichen Sie ihm, dass er sich seiner Bedürfnisse nicht schämen muss – sexuelles Verlangen ist keine Sünde! – sondern dass er mit seinem Verlangen falsch umgeht und sich dadurch sündhaften Gebundenheiten hingibt. Ein sexuelles Hochgefühl beim Menschen hat sich Gott erdacht – nicht der Teufel! Letzterer versucht es lediglich mit destruktiver Wirkung zu verzerren, zu pervertieren.

3. Durch eine offene, vertrauensvolle Begleitung sollten Sie dem Pornokonsumenten in den praktischenAlltagssituationen dann auch helfen, ein klares Nein zum Ego-Sex auszusprechen und sich immer neu zu entscheiden, seine Sexualität – vor allem gedanklich – in jene Bahnen zu lenken, die sie zu einem Instrument der Wertschätzung und Liebe für ein geliebtes Gegenüber macht, egal, ob dieses Gegenüber bereits vorhanden ist oder nicht.

4. Bringen Sie vor allem die Liebe Gottes rüber; denn die Einladung Jesu Christi, dass "alle zu ihm kommen dürfen, die mühselig und beladen sind", gilt auch den Pornokonsumenten unter uns. Vergebung, Reinigung und – mit der Hilfe Gottes– eine schrittweise Gesinnungsänderung führt aus der Sackgasse des Ego-Sex wieder hinaus in die Freiheit einer zutiefst befriedigenden Liebes-Sexualität.

Und wenn Sie selbst Pornokonsument sind?
Dann vertrauen Sie sich einem kompetenten Seelsorger an, der Ihnen in oben beschriebener Haltung zur Seite steht. Lassen Sie sich nicht weiter vom Ego-Sex versklaven, nehmen Sie die Herausforderung an und greifen Sie nach Besserem!

* Als Kassette erhältlich: “Sexualität – Last, Zwang oder Segen?”, 3.- Euro, zu beziehen bei: edition philemon, Baumgartenstr. 44, D-75217 Birkenfeld.

Was kann ich tun, um zu einer glücklichen Partnerschaft zu kommen?

Lieben und geliebt werden gehört zu den kostbarsten Erfahrungen, die ein Mensch machen kann. Bedauerlicherweise erfüllt sich dieser Traum nicht für jeden. Denn es gibt Gründe, die das Zustandekommen einer Beziehung verhindern können und Kräfte, die eine Beziehung auseinander brechen lassen.
Wenn Sie Ihren Traum von einer glücklichen Beziehung bisher noch nicht (ganz) verwirklichen konnten, stellt sich die wichtige Frage:

Wodurch wurde eine (glückliche) Partnerschaft bisher verhindert?

Wenn ich etwas in meinem Leben verändern möchte, ohne vorher die Ursachen zu beseitigen, welche die bisherige Situation, das bisherige Problem aufrecht erhalten, werde ich keinen Erfolg haben. Die Frage nach der Ursache hat daher eine entscheidende Bedeutung, denn das, was man für den Grund hält, gibt die Richtung vor, in der man nach einer Lösung sucht.

Wenn Sie Ihren Partner bisher noch nicht gefunden haben

oder **Wenn Sie auf der Suche nach Lösungen für Konflikte sind**

lohnt es sich, den eigenen Lebensplan mit den ganz persönlichen (Über-) Lebensstrategien näher kennen zu lernen, denn diese enthalten den entscheidenden Schlüssel für die Lösung von Problemen.

Jeder hat im Laufe seines Lebens auf Grund seiner Überzeugungen und Deutungen seine ganz persönlichen Strategien entwickelt, mit denen er glaubt am besten durchs Leben zu kommen. Solche (Über-) Lebensstrategien können z. B. sein:

„Nur wenn ich meine eigenen Wünsche und Bedürfnisse vergesse, mich für andere nützlich mache und von ihnen gebraucht werde, finde ich Liebe und Anerkennung.“

„Um mich vor dem negativen Urteil anderer Menschen zu schützen, muss ich den Erwartungen anderer entsprechen und meine Pflicht tun. So erhalte ich die Sicherheit, von anderen akzeptiert zu werden.“

„Ich muss Abstand zu anderen Menschen halten, um von ihnen und den eigenen Gefühlen nicht kontrolliert zu werden.“

„Ich muss das Richtige tun. Und weil nichts gut genug ist, muss ich kritisch auf Fehler achten, um Verbesserungen herbei zu führen und mich vor einer kritisierenden Welt zu schützen.“

Die persönlichen (Über-) Lebensstrategien sind in der Regel Schutzhaltungen, mit denen das erneute Erleben eines alten Schmerzes verhindert werden soll. Unglücklicherweise wird dadurch aber oft die Erfüllung der tiefsten Sehnsucht verhindert.

Nicht selten werden sie zu ”verhängnisvollen“ Barrieren und Hindernissen auf dem Weg, die mich davon abhalten, das Leben zu führen, wonach ich mich im Innersten sehne.

Obwohl sich in der Regel niemand seiner (Über-) Lebensstrategien bewusst ist, leiten diese all unser Denken und Handeln ein und bestimmen so lange unser Leben, bis wir sie uns bewusst machen und Veränderungen einleiten.

Man kann diese Strategien auch mit einer Art Computerprogramm vergleichen, das alle meine zur Verfügung stehenden Denk- und Handlungsmuster enthält und so mein Erleben und Verhalten steuert. Es stattet mich aus mit Stärken und Begabungen, aber auch mit Schwächen und Fallen. Darüber hinaus kann mein Lebensprogramm falsche Anweisungen enthalten, die immer wieder zu Enttäuschungen und Problemen führen. Die „Heimtücke" dieses Programms besteht darin, dass es auch fehlerhaftes Verhalten richtig erscheinen lässt. Dadurch wird die Einsicht verhindert, dass die meisten Schwierigkeiten die logische Folge von Irrtümern meiner Überzeugungen und (Über-) Lebensstrategien sind. Aus diesem Grund ziehen sich Probleme häufig wie ein roter Faden durch ein ganzes Leben, ohne gelöst zu werden.

Wenn Sie sich eine Partnerschaft wünschen und bisher "Ihren Partner" noch nicht gefunden haben, oder wenn sich Konflikte in der Beziehung wiederholen, kann dies ein deutliches Zeichen dafür sein, dass Sie bisher mit dem falschen „Programm" versucht haben, dieses zu ändern.

Probleme sind ein eindeutiges Signal, dass etwas Bestimmtes im Leben einer Veränderung bedarf. Sie zeigen an, wo etwas "hakt". Sie machen deutlich, dass die derzeitigen Lösungsmethoden nicht funktionieren und dass ich in einem bestimmten Bereich einen anderen Weg zum Ziel einschlagen muss. Probleme sind somit eine Aufforderung zum Handeln und verlangen nach Veränderung. Die Frage lautet daher: **Was habe ich neu zu lernen?**

Hierzu zwei Beispiele:

Frau L., Mitte 30, kommt in die Beratung. Nach einer unglücklichen Ehe ließ sie sich vor einem Jahr scheiden. Der ersehnte innere Frieden nach den belastenden Ehejahren war für sie jedoch nicht erfahrbar, da sich für sie immer wieder die Frage stellte, warum ausgerechnet sie so viel Zurückweisung und Ablehnung erfahren musste.

Frau L. wuchs in einer Familie auf, in der die Arbeit im Mittelpunkt des Familienlebens stand. Sie fühlte sich als Kind oft allein, und um dem bedrohenden Gefühl des Verlassenseins zu entfliehen, entwickelte sie einen Lebensstil des Gebens und der Hilfsbereitschaft. Sie übernahm früh die Verantwortung für ihre jüngeren Geschwister und lernte, auf die Bedürfnisse ihrer Mutter einzugehen, um dadurch Liebe und Anerkennung zu finden.
Da sie vor allen Dingen die anderen im Blick hatte, wußte sie zu wenig über sich, um wesentliche Kriterien bei der Partnerwahl berücksichtigen zu können. Sie erkannte nicht, wie sehr sich ihre Bedürfnisse und Werte von denen ihres Mannes unterschieden. Seine gelebte Distanz und seine sparsamen Gefühlsäußerungen wurden für sie zunehmend zu einer Quelle von Ärger, da sie sich nicht wertgeschätzt sondern abgelehnt fühlte. Je weniger ihr Bedürfnis nach Zuwendung erfüllt wurde, desto mehr versuchte Frau L., sich Liebe und Anerkennung bei ihrem Mann zu erkaufen, indem sie sich für ihn nützlich und unentbehrlich machte. Sie war bereit, alles für ihren Mann zu tun, um das zu erhalten, wonach sie sich zutiefst sehnte.

Frau L. erkannte nicht, dass sie mit dieser Lösungsstrategie (ihres „Programmes“) genau das bewirkte, was sie verhindern wollte. Je mehr sie versuchte Liebe zu erzwingen, umso mehr zog sich ihr Mann von ihr zurück. Frau und Herrn L. ist es über diesen Weg nicht gelungen, eine für beide Partner befriedigende Beziehung aufzubauen. Eine positive Entwicklung der Beziehung hätte sich dann ergeben können, wenn Frau L. gelernt hätte, das Rückzugsbedürfnis ihres Mannes zu akzeptieren und für sich als Entwicklungschance zu nutzen. Durch seinen Rückzug hätte sie lernen können, zu sich zu kommen und damit erstmals ihr innerstes Wesen mit dem was sie braucht wahrzunehmen. In dem Maße wie sie sich kennen und lieben gelernt hätte, hätte sie sich um ihrer selbst willen lieben lassen können und wäre fähig zu einer bedingungslosen Liebe, die den anderen frei lässt.

Die Herausforderung für Herrn L. bestand darin zu lernen, sich mit den Gefühlen seiner Frau auseinander zu setzen und sie ernst zu nehmen, sich selbst mitzuteilen und vor allen Dingen dazubleiben, wenn seine Frau ihn braucht.
Wenn es den Beiden gelungen wäre, die für sie anstehenden Entwicklungsschritte zu gehen, wäre es ihnen möglich gewesen trotz der Unterschiedlichkeiten eine weitgehend befriedigende Ehe zu führen. Für beide sicher kein leichter Weg, doch ein Weg um mit Gottes Hilfe die Fähigkeiten zu entwickeln, die eine reife, wahrhaft gesunde Persönlichkeit ausmachen.

Probleme werden insbesonders dann schmerzhaft für uns, wenn wir uns den nötigen und anstehenden Lernschritten entziehen. Die wichtigste Frage bei Problemen ist daher: **Für welchen Entwicklungsschritt steht dieses Problem für mich?**

Probleme sind keine Schwächen einer Beziehung, die um jeden Preis vermieden werden sollen, sondern Signale, die uns zeigen, wo wir uns um Veränderung und Weiterentwicklung bemühen müssen. Wenn wir versuchen, dieser Herausforderung auszuweichen, wird dies dazu führen, dass wir auch künftigen Problemen wieder hilflos gegenüberstehen. Es ist daher wichtig, nicht zu fliehen, dran zu bleiben und die Fähigkeiten, an denen es mangelt, zu entwickeln, damit man Schwierigkeiten künftig besser begegnen kann.

Jedes Paar hat in der Regel zwei bis drei Grundprobleme zu lösen, die seine persönlichen Beziehungsfallen sind. Wenn diese erkannt und überwunden werden, wird der Traum von einer erfüllten, stabilen Beziehung Wirklichkeit. Die gezielte Beratung kann hier zu einer der wichtigsten Investitionen im Leben werden, wenn sie zu den notwendigen Einsichten verhilft, welche die Veränderungen erst ermöglichen. Und für eine Veränderung ist es nie zu spät!

Zweites Beispiel:

Frau M. ist 37 Jahre alt und lebt unfreiwillig als Single, eine Situation, die bei ihr zunehmend zu Glaubensproblemen und Gotteszweifeln führte: „Warum hilft Gott nicht?"
Frau M. fand den Mut, sich ihren Problemen in der Beratung zu stellen.
Es stellte sich heraus, dass sie bereits als Kind das Gefühl entwickelt hat, nicht zu genügen. Ihre Familienatmosphäre war geprägt durch Kritik und Ablehnung. Sie lernte früh anderen zu gefallen, sich in der Gemeinschaft angepasst zu verhalten, um so die ersehnte Zustimmung und Bestätigung zu erhalten. Die Angst vor Kritik und Ablehnung und das Angewiesensein auf Bestätigung ließen ihr wenig Freiraum, sich in Beziehungen selbst zu leben, wodurch die Gemeinschaft mit anderen als anstrengend und unbefriedigend erlebt wurde.
In der Beratung konnte Frau M. erkennen, wie sehr die Angst der geheime Dirigent ihres gesamten Lebens ist. Obwohl sie extrovertiert wirkte, fiel es ihr schwer, anderen Menschen zu vertrauen. Sie sehnte sich nach Liebe und Sicherheit, während sie gleichzeitig (unbewusst) Wege fand, sich vor engen Beziehungen zu schützen. Nur so konnte sie den für sich so notwendigen Lebensraum erhalten, wo sie sich selbst leben konnte.

Was Frau M. nicht wusste, war, dass das unbewusste Vermeiden enger Beziehungen ihr zwar die Angst vor Zurückweisung nahm, sie aber auch von dem entfernte, was sie sich zutiefst ersehnte: Liebe und Anerkennung. Ihre Schutzhaltung verhinderte, dass ihr ursprüngliches Bedürfnis erfüllt wurde. Dieser innere Konflikt, der wesentliche Bereiche ihres Lebens blockierte, war Frau M. in keiner Weise bewusst.

Nachdem Frau M. wichtige Zusammenhänge verstehen und ihre eigene (Über-) Lebensstrategie klar erkennen konnte, war Veränderung möglich. Nur was man erkennt, kann auch verändert werden. Frau M. gelang es mehr und mehr, sich von ihren Ängsten zu befreien. Sie begann neue Denk- und Handlungsmuster aufzubauen, die es ihr ermöglichten, sich selbst auch in Beziehungen zu leben. Ihr persönlicher Hinderungsgrund, der eine Partnerschaft bisher verhindert hat, konnte so überwunden werden.

Wie wir unsere Probleme meistern, entscheidet maßgeblich über unsere Zukunft – glücklich oder unglücklich!

Der Weg zu glücklichen Beziehungen führt darüber, dass ich der Wahrheit über mich selbst offen ins Gesicht sehe. Es lohnt sich, die eigene Wahrnehmung zu schärfen, sich selbst kennen zu lernen und Zusammenhänge zu verstehen. Nur so ist es möglich, meine selbst errichteten Blockaden, die mich von gelingenden Beziehungen, von Gott und meinen Möglichkeiten abschneiden, zu erkennen und zu überwinden. In dem Maße wie das zugrunde liegende Problem klar erkannt und die persönliche Lebensstrategie ergänzt wird, indem anstehende Lernschritte umgesetzt werden, können dauerhafte Veränderungen herbei geführt werden. Jeder, der diesen Weg geht, der sich in der Stille seinen persönlichen Wahrheiten stellt und daraus Konsequenzen zieht, kann für sich erfahren, dass erkannte Schwächen stärker machen und dass sich der Weg der persönlichen Weiterentwicklung lohnt. Der Lohn ist eine geistliche und emotionale Gesundheit, die es mir ermöglicht, mein Leben und meine Beziehungen befriedigend zu gestalten und so zu leben, dass das Leben gelingt. Und Gott, der das Leben nicht nur erschafft, erhält, vielmehr auch vollendet, ER will mir hierbei helfen – wenn ich mir helfen lasse!

Wertvolle Tipps für alle, die ihren Partner noch nicht gefunden haben

Den Partner fürs Leben und damit Liebe zu finden ist eine echte Herausforderung. Wenn Sie sich eine Partnerschaft für Ihr Leben wünschen und bisher den passenden Partner noch nicht gefunden haben, kann es hierfür unterschiedliche Gründe geben. Auch wenn die Begegnungsmöglichkeiten für Partner suchende Christen reduziert sind, muss dies nicht unbedingt ein Hinderungsgrund sein, um den passenden Partner zu finden. Oft sind es nicht allein die äußeren Umstände, sondern auch eigene Gründe, die das Zustandekommen einer (glücklichen) Beziehung verhindern. Einschränkende Überzeugungen, ein nicht gelöstes Grundproblem, Zweifel oder Ängste werden häufig zu selbst errichteten Blockaden, die den Weg zum Partner dauerhaft versperren können. Wenn Sie das Ziel einer glücklichen Beziehung erreichen wollen, lohnt es sich, die Ursachen genau zu erforschen, um die Hindernisse und persönlichen „Fallen" klar erkennen und überwinden zu können. Wenn Sie wissen, wo das Problem liegt und die Ursachen beseitigt sind, können neue Möglichkeiten und Chancen erkannt und genutzt werden.

Selbsterkenntnis ist die Voraussetzung für eine reife, gezielte Partnerwahl

Um eine glückliche, gelingende Partnerschaft zu führen, ist die richtige Partnerwahl unbedingte Voraussetzung. Wer mehr über sich selbst weiß, seine Werte, wahren Bedürfnisse und Ziele kennt, der kann schwerwiegende Fehlentscheidungen vermeiden. Es ist daher unverzichtbar, die eigenen Werte und tiefen Bedürfnisse und die des Partners möglichst genau zu kennen. Ihre Erfüllung ist eine entscheidende Voraussetzung für eine dauerhaft erfüllte Beziehung. Viele Missverständnisse, Verletzungen und schwere Konflikte können so vermieden werden.

Von der richtigen Partnerwahl zur glücklichen, gelingenden Beziehung

Jeder sehnt sich danach geliebt zu werden und Annahme und Akzeptanz zu erfahren. Diese Sehnsucht hat aber je nach Charaktermuster eine ganz eigene Färbung, d. h. bei jedem Einzelnen müssen unterschiedliche Bedürfnisse erfüllt sein, um sich geliebt zu fühlen. Damit das Wunschdenken nicht die Oberhand gewinnt über alle Vernunft und es nicht zu folgenschweren Enttäuschungen kommt, können folgende Fragen hilfreich sein:

- Was ist mir in einer persönlichen Beziehung am Wichtigsten?
- Was brauche ich, um mich geliebt zu fühlen und wie möchte ich lieben?
- Wodurch wurde eine gelingende Partnerschaft bisher verhindert?
- Was ist mein „Verletzungspunkt“?
- Was macht mich in einer Beziehung glücklich?
- Wie viel Freiraum benötige ich?
- Welche Bedeutung haben das Gemeindeleben, die Arbeit für mich?
- Sind meine Glaubens- und Lebensziele mit denen meines Partners vereinbar?
- Wo liegen meine Stärken, meine Schwächen?
- Welche Vorstellungen habe ich von einer Partnerschaft?
- Kann ich den tiefen Bedürfnissen meines Partners entsprechen?

Nehmen Sie sich die Zeit heraus zu finden, was Sie sich von einer Beziehung wünschen. Ihre Werte und Bedürfnisse sollten sich nicht zu stark voneinander unterscheiden. Zu große Gegensätzlichkeiten bilden den idealen Nährboden für Konflikte. Und denken Sie daran: Sie müssen nicht perfekt sein, bevor Sie ihren Partner treffen, sondern Sie brauchen ein klares JA zu sich selbst und Ihrem Wachstumsprozess. Nur wer sich selbst liebt und akzeptiert, ist offen für andere.

Im Glauben handeln und konkrete Schritte gehen

Es fordert Einsatz, Mut und Ausdauer, den passenden Partner zu finden. Träume kann man niemals durch Träume verwirklichen. Es ist das Handeln, das jedem Erfolg vorangeht. Genau hier liegt die große Herausforderung: das eigene Leben mit Gottes Hilfe in die Hand nehmen, Entscheidungen treffen, Ziele setzen und Wege finden, diese zu erreichen. Nutzen Sie die Chancen, die sich jetzt bieten und vertrauen Sie bei allem auf Gottes Führung, denn Gott ist Wirklichkeit. Er ist erfahrbar, wenn wir glauben, beten und handeln. Passives Abwarten führt auch in der Liebe nicht zum Erfolg! Der Glaubende geht mutig los, denn wahrer Glaube zeigt sich in Handlungen, die in Übereinstimmung mit dem Willen Gottes stehen. Beten und handeln Sie, seien Sie wachsam und mutig, und verlieren Sie Ihr Ziel nicht aus den Augen.

Der entscheidende Schritt: Ich sage JA zu meinem Partner

Wenn Sie einen passenden Partner gefunden haben, denken Sie daran: Es wird immer Eigenschaften geben, die Sie an Ihrem Partner gern ändern würden. Die Frage aber lautet: Beeinträchtigen diese Verhaltensweisen meine Fähigkeit, meinen Partner zu lieben und zu respektieren? Auch die Grenzen der eigenen Liebesfähigkeit wollen erkannt sein. Haben Sie den Mut, sich selber und Ihrem Partner gegenüber ehrlich zu sein. Wenn Sie insgeheim das Gefühl haben, nicht wirklich zusammenzupassen, aber vielleicht denken „Besser diesen Partner als keinen", halten Sie nicht an Ihren

Heiratsabsichten fest. Denn wenn Sie zum Ziel einer glücklichen Partnerschaft kommen wollen, dann muss dieser Schritt aus wahrer und überzeugter Liebe eingegangen werden.

Glückliche Beziehungen sind kein Zufall

Eine gelingende, glückliche Partnerschaft verlangt von beiden Partnern eine bestimmte Reife und Vorbereitung. Der Erfolg einer Ehe hängt nicht allein davon ab, wen Sie heiraten, sondern auch davon, wie Sie mit Konflikten umgehen. Auch eine gute Beziehung bringt Herausforderungen mit sich. Sie ist kein fertiges Produkt, sondern das Ergebnis eines ständigen Lernprozesses. Probleme können als Chance verstanden und genutzt werden, um sich persönlich und gemeinsam weiter zu entwickeln. Sind beide Partner zum Lieben und Lernen bereit, dann sind, neben allen berechtigten und wünschenswerten Gefühlen, die gegenseitige Ergänzung und die Liebe Gottes als Grundlage und Ausrichtung die besten Voraussetzungen für eine tragfähige, glückliche Beziehung.

Die 6 effektiven „E's"

Erkenntnis ...der eigenen Persönlichkeit und Wünsche
Überprüfen Sie, was Sie wirklich wollen. Fragen Sie sich: „Wer bin ich?", „Worum geht es mir im Leben?", „Was ist mir wichtig?", „Was will ich?", „Was sind meine Werte und Bedürfnisse?".

Entdeckung ...der eigenen Berufung
Es geht um den eigenen Weg zu einem erfüllten Leben. Es lohnt sich, der eigenen Berufung auf die Spur zu kommen, gegebenenfalls mit Hilfe eines kompetenten Beraters. Denn es gibt kein erfülltes Leben ohne die Vision eines attraktiven Zieles.

Josef gab Gott sein Leben, und Gott gab ihm seine Lebensaufgabe (1. Mose 45,5-7). Wenn ich weiß, wozu ich da bin, erfahre ich Sinn und Sicherheit. Neue Lebensperspektiven, neue Pläne und neue Einstellungen zum Leben können sich dem eröffnen, der seine Berufung entdeckt hat.

Mit der Vision eines attraktiven Zieles steht der Partnerwunsch auch nicht mehr verkrampft im Mittelpunkt Ihres Lebens und Sie können aktiv, aber mit innerer Gelassenheit nach einem Partner Ausschau halten.

Eigeninitiative ...statt passivem Abwarten
Wichtig ist, die Chancen, die sich jetzt bieten, zu erkennen und zu nutzen, um ihre Möglichkeiten voll ausschöpfen zu können. Unternehmen Sie etwas, und werden Sie aktiv. Schaffen Sie Gelegenheiten, wo Sie Ihren zukünftigen Partner kennen lernen können (Christlicher Partnerschaftsdienst, Ferienfreizeiten, Single-Treffs...).

Entschlossenheit ...zum Handeln
Persönliche Reife ermöglicht, die Verantwortung für sein Leben selbst in die Hand zu nehmen und mit Gott Schritte zu gehen. Und da das Ziel, eine glückliche Partnerschaft, nicht immer auf direktem Weg zu erreichen ist, ist es wichtig nicht aufzugeben und sich nicht zurückzuziehen.
Finden Sie neue Möglichkeiten und Wege und denken Sie daran: Der Glaubende geht im Vertrauen auf Gott voran und weiß ihn an seiner Seite. Nur nicht entmutigen lassen!

Entscheidung ...für den richtigen Partner
Entscheidung für den richtigen Partner kann auch beinhalten, bei dem nicht geeigneten Menschen im richtigen Moment „nein“ zu sagen. Führen Sie sich vor Augen: Sie treffen diese Entscheidung für ein ganzes Leben. Beim passenden Partner sind jedoch Mut und Entschlossenheit gefragt.

Engagement ...in eine harmonische Beziehung
Nehmen Sie sich Zeit für die Liebe. Finden Sie heraus, was jedem Einzelnen von Ihnen in einer Beziehung am Wichtigsten ist. Die Erfüllung der eigenen Werte und tiefen Bedürfnisse und der des Partners ist eine bedeutende Voraussetzung für eine dauerhaft erfüllte Beziehung.
Machen Sie sich täglich bewusst, was Sie an Ihrem Partner schätzen und versuchen Sie einander zu verstehen. Viele Konfliktgespräche eskalieren genau dann, wenn wir glauben, dass unser Partner uns nicht versteht. Geben Sie Ihrer Partnerschaft nach Ihrer Gottesbeziehung den höchsten Stellenwert in Ihrem Leben und Sie werden erleben, wie Ihr Traum Wirklichkeit wird.

Die Schritte der Partnerwahl kurz zusammengefasst:

- sich über sich selbst klar werden
- die eigenen Werte, tiefen Bedürfnisse und Ziele erkennen und gegebenenfalls korrigieren
- Gelegenheiten zum Kennen lernen schaffen
- die Werte, Bedürfnisse und Ziele möglicher Partner mit den eigenen vergleichen
- im Vertrauen auf Gottes Leitung die richtige Wahl treffen

Denken Sie daran:
Möglichkeiten existieren, wenn sie als Möglichkeiten wahrgenommen werden.

Hinweis:
Bettina Koch ist als psychologische Beraterin, therapeutische Seelsorgerin, als Coach und Kommunikationstrainerin in ihrer Praxis für Beratung und Einzel-Coaching tätig. Ihre Spezialisierung liegt auf dem Gebiet der persönlichen Weiterentwicklung.
Sie führt u. a. gezielte Paarberatungen durch und hat für Partnersuchende Christen ein umfassendes Komplett-Programm entwickelt.
Für Personen, die nicht im Großraum Düsseldorf leben, besteht die Möglichkeit einer Intensiv-Beratung an einem Tag.
Bettina Koch ist auch als cpd-Regionalberaterin tätig.

Falls Sie weitere Informationen wünschen – rufen Sie einfach an:

Bettina Koch
Persönliche Beratung
Zur Bockumer Linde 26
40489 Düsseldorf
Tel. 02 11/9 84 34 35